21世纪全国高等院校财经管理系列实用规划教材

会计综合实训模拟教程

主　编　章洁倩

北京大学出版社
PEKING UNIVERSITY PRESS

内 容 简 介

本书以模拟企业一个会计分期发生的经济业务为对象，囊括了会计综合实训概述、财会专业基本技能、会计工作组织及实施、会计综合实训案例、税款的申报及缴纳、财务报表分析、会计凭证装订及档案管理。

本书业务仿真、原始凭证式样和数据来自对企业、银行、税务的实际调研；设计综合全面，结合多门专业课课程实训进行综合设计；内容新颖，根据最新的会计和税收法规进行业务处理；深浅适当，实训训练量和难度适中，与本科财会专业学生的学习能力与水平相适应。

本书可以作为普通高等院校和高等职业技术院校财会专业会计综合实训课程的教材，也可作为会计从业人员的培训教材。

图书在版编目(CIP)数据

会计综合实训模拟教程/章洁倩主编. —北京：北京大学出版社，2012.6

(21 世纪全国高等院校财经管理系列实用规划教材)

ISBN 978-7-301-20730-7

Ⅰ. ①会… Ⅱ. ①章… Ⅲ. ①会计学—高等学校—教材 Ⅳ. ①F230

中国版本图书馆 CIP 数据核字(2012)第 118251 号

书　　名： 会计综合实训模拟教程

著作责任者： 章洁倩　主编

策 划 编 辑： 王显超　李　虎

责 任 编 辑： 魏红梅

标 准 书 号： ISBN 978-7-301-20730-7/F・3204

出　版　者： 北京大学出版社

地　　址： 北京市海淀区成府路 205 号　100871

网　　址： http://www.pup.cn　http://www.pup6.cn

电　　话： 邮购部 62752015　发行部 62750672　编辑部 62750667　出版部 62754962

电 子 邮 箱： pup_6@163.com

印　刷　者： 三河市博文印刷厂

发　行　者： 北京大学出版社

经　销　者： 新华书店

787 毫米×1092 毫米　16 开本　18.75 印张　285 千字

2014 年 2 月第 1 版　　2014 年 2 月第 2 次印刷

定　　价： 33.00 元

21世纪全国高等院校财经管理系列实用规划教材

专家编审委员会

丛书序

我国越来越多的高等院校设置了经济管理类学科专业，这是一个包括经济学、管理科学与工程、工商管理、公共管理、农业经济管理、图书档案学6个二级学科门类和22个专业的庞大学科体系。2006年教育部的数据表明在全国普通高校中经济类专业布点1518个，管理类专业布点4328个。其中除少量院校设置的经济管理专业偏重理论教学外，绝大部分属于应用型专业。经济管理类应用型专业主要着眼于培养社会主义国民经济发展所需要的德智体全面发展的高素质专门人才，要求既具有比较扎实的理论功底和良好的发展后劲，又具有较强的职业技能，并且又要求具有较好的创新精神和实践能力。

在当前开拓新型工业化道路，推进全面小康社会建设的新时期，进一步加强经济管理人才的培养，注重经济理论的系统化学习，特别是现代财经管理理论的学习，提高学生的专业理论素质和应用实践能力，培养出一大批高水平、高素质的经济管理人才，越来越成为提升我国经济竞争力、保证国民经济持续健康发展的重要前提。这就要求高等财经教育要更加注重依据国内外社会经济条件的变化，适时变革和调整教育目标和教学内容；要求经济管理学科专业更加注重应用、注重实践、注重规范、注重国际交流；要求经济管理学科专业与其他学科专业相互交融与协调发展；要求高等财经教育培养的人才具有更加丰富的社会知识和较强的人文素质及创新精神。要完成上述任务，各所高等院校需要进行深入的教学改革和创新。特别是要搞好有较高质量的教材的编写和创新工作。

出版社的领导和编辑通过对国内大学经济管理学科教材实际情况的调研，在与众多专家学者讨论的基础上，决定编写和出版一套面向经济管理学科专业的应用型系列教材，这是一项有利于促进高校教学改革发展的重要措施。

本系列教材是按照高等学校经济类和管理类学科本科专业规范、培养方案，以及课程教学大纲的要求，合理定位，由长期在教学第一线从事教学工作的教师编写，立足于21世纪经济管理类学科发展的需要，深入分析经济管理类专业本科学生现状及存在问题，探索经济管理类专业本科学生综合素质培养的途径，以科学性、先进性、系统性和实用性为目标，其编写的特色主要体现在以下几个方面：

(1) 关注经济管理学科发展的大背景，拓宽理论基础和专业知识，着眼于增强教学内容与实际的联系和应用性，突出创造能力和创新意识。

(2) 体系完整、严密。系列涵盖经济类、管理类相关专业以及与经管相关的部分法律类课程，并把握相关课程之间的关系，整个系列丛书形成一套完整、严密的知识结构体系。

(3) 内容新颖。借鉴国外最新的教材，融会当前有关经济管理学科的最新理论和实践经验，用最新知识充实教材内容。

(4) 合作交流的成果。本系列教材是由全国上百所高校教师共同编写而成，在相互进行学术交流、经验借鉴、取长补短、集思广益的基础上，形成编写大纲。最终融合了各地特点，具有较强的适应性。

(5) 案例教学。教材具备大量案例研究分析内容，让学生在学习过程中理论联系实际，特别列举了我国经济管理工作中的大量实际案例，这可大大增强学生的实际操作能力。

(6) 注重能力培养。力求做到不断强化自我学习能力、思维能力、创造性解决问题的能力以及不断自我更新知识的能力，促进学生向着富有鲜明个性的方向发展。

作为高要求，财经管理类教材应在基本理论上做到以马克思主义为指导，结合我国财经工作的新实践，充分汲取中华民族优秀文化和西方科学管理思想，形成具有中国特色的创新教材。这一目标不可能一蹴而就，需要作者通过长期艰苦的学术劳动和不断地进行教材内容的更新才能达成。我希望这一系列教材的编写，将是我国拥有较高质量的高校财经管理学科应用型教材建设工程的新尝试和新起点。

我要感谢参加本系列教材编写和审稿的各位老师所付出的大量卓有成效的辛勤劳动。由于编写时间紧、相互协调难度大等原因，本系列教材肯定还存在一些不足和错漏。我相信，在各位老师的关心和帮助下，本系列教材一定能不断地改进和完善，并在我国大学经济管理类学科专业的教学改革和课程体系建设中起到应有的促进作用。

2007 年 8 月

刘诗白　现任西南财经大学名誉校长、教授，博士生导师，四川省社会科学联合会主席，《经济学家》杂志主编，全国高等财经院校资本论研究会会长，学术团体“新知研究院”院长。

前　言

会计是一门实践性很强的经济类管理学科。财会专业的学生不仅要掌握丰富的专业理论知识，而且还需要具备应用所学的专业理论知识解决实际问题的能力。培养财会专业学生的综合应用能力应注重加强会计实践教学。目前，虽然很多高校都非常重视会计实践教学，但大部分的实践教学都是针对各门专业课进行设计和实施的，如会计实训、财务管理实训、税务会计实训、成本会计实训等，而将财务管理、成本会计、税务会计等专业课综合在一起的会计综合实训则比较少。

编者根据自己多年的会计实务体会和教学感悟，总结了其他实训类教材的宝贵经验，编写了本书。本书在实践教学内容的设计上涵盖了财务管理、基础会计、中级财务会计、成本会计、税务会计等专业课的重要内容，在实践教学的实施中高度模拟企业实际财务工作，以企业一个会计分期发生的经济业务为对象，从会计基本技能、财务控制、会计核算、税款申报及缴纳、报表分析等环节进行模拟操作与训练，锻炼和提高学生的综合运用能力。

本书具有以下特点。

1. 综合性强

将财务管理实训、会计实训、成本会计实训、税务会计实训结合在一起，使学生能够了解和体会企业财务工作的内容和流程，综合运用所学的专业知识解决业务处理中遇到的问题，融会贯通，提高实践能力，为走上工作岗位打下基础。

2. 内容全面

实训内容包括会计基本技能的训练、财务制度的设计、原始凭证的填制、会计核算的处理、税款的计算和申报、报表分析等。其中，会计核算处理覆盖了中级财务会计的所有重点内容，税款申报及缴纳，涉及增值税、消费税、企业所得税等主要税种。

3. 内容新颖

本书是根据最新的会计和税收法规进行业务处理的。

4. 适用性强

本书的内容比较全面，但业务总量并不多，还可以根据教师的要求及学生的学习情况做一定的删减。本书可以作为普通高等院校和高等职业技术院校财会专业综合会计实训课程的教材，既可用于手工实训，也可以用于会计电算化实训。

本书由天津农学院章洁倩老师编写。在编写过程中得到了湖南长沙英睿科技有限责任公司陈刚中先生的帮助和支持，天津农学院的田书超、罗劲同学参与了部分原始凭证的制作工作，在此对他们表示诚挚的谢意！

虽然编者尽了最大的努力，但由于水平有限，书中难免会有疏漏和错误，恳请专家、同仁和广大读者批评指正。

编　者

2012年5月

目　录

第 1 章　会计综合实训概述

1.1　会计综合实训的概念和特点

会计综合实训是通过模拟企业一个会计分期发生的经济业务，让学生按照财务工作流程，从财务制度设计、审核与内部控制、会计核算、税款申报及缴纳、报表分析等环节进行全程的综合实务操作与训练。实训过程中，学生将综合运用到基础会计、财务管理、审计、中级财务会计、税务会计等专业课的知识，理论联系实际，提高实践能力和素质，为走上工作岗位打下扎实的基础。会计综合实训具有以下特点。

(1) 仿真性强。会计综合实训的案例和资料来源于某企业的真实业务，以该企业一个会计期间发生的经济事项为基础，整理和挑选出具有代表性的经济业务，以仿真原始凭证的形式罗列出来，按照与财务部门实际工作完全一致的岗位分工、工作流程、工作方法，使用与实际工作一致的财会用品和报表，学生则以该企业财务部职员的角色来模拟完成企业一个月的财务工作，具有高度的仿真性。

(2) 综合性强。会计综合实训按照实际财务工作流程设计了财务制度设计、审核和控制、会计核算、税款计算及缴纳、报表分析等环节，进行综合操作与训练，将原来零散的基础会计、财务管理、审计、中级财务会计、税务会计等专业课的知识整合在一起进行灵活运用，具有很强的综合性。

(3) 实用性强。会计综合实训中设计了大量的技能性操作训练，如点钞、假钞的辨别、计算器的使用、开支票及发票、发票的鉴别、凭证装订及档案整理等，为学生走上工作岗位提供了必备的技能培训，具有很强的实用性。

1.2　会计综合实训的组织

会计综合实训可以以手工操作和会计电算化两种形式进行，教师可以根据学校的条件和学生的实际情况选择进行。

1. 分组

为了更好地再现实际工作场景，营造工作氛围，同时也便于同学之间进行相互协作和讨论，提高实训兴趣，建议安排每 5 名同学为一组，分别扮演财务经理、出纳、主办会计、成本会计、总账会计角色，组成一个模拟公司的财务部；也可以根据实训学生人数的情况，在会计岗位中进行整合、分拆，确定小组人数。

2. 岗位分工

教师组织每个小组遵循《中华人民共和国会计法》(以下简称《会计法》)、《会计基础工作规范》、《内部会计控制规范》的有关规定，合理分工，明确职责。在组内进行轮岗，组内成员每人一套账，保证每个同学依次承担财务部中的各个岗位，每位同学最后上交自己担任财务经理岗位的账簿档案及资料。实训过程中，小组就是一个虚拟的财务部，要求小组成员发扬团队精神，互相配合，严格按流程规范处理相关业务，按时、按质、按量完成工作任务。

3. 步骤

会计综合实训的步骤依次是基本技能训练、财务制度设计、岗位分工、建账、填制和审核原始凭证、编制记账凭证、登记日记账和明细账、编制科目汇总表、登记总账、对账、结账、编制会计报表、填写纳税申报表、报表分析、整理和装订会计档案等。

1.3 会计综合实训的准备

1. 制订合理的实训计划

在进行综合实训之前，指导教师应根据学校的条件和学生的实际情况，制定切实可行的会计综合实训计划和安排，确定实训的课时安排及阶段性任务。建议将会计综合模拟实训按以下计划来进行(见表 1-1)。

表 1-1 会计综合实训计划

阶 段	实训内容	实 训 要 求	时间安排
一	财会基本技能训练 1.会计书写 2.点钞训练 3.验钞训练 4.电子计算器使用 5.会计交接	了解基本技能在财务工作中的重要性和意义，理解各项基本技能的规范要求和操作要点，反复练习，掌握这些基本技能	1.5 天 (9 学时)
二	企业财务管理制度设计	了解财务管理制度在企业财务工作中的意义和作用，理解制定财务管理制度的原则，并练习制定较简单的财务管理制度	0.5 天 (3 学时)
三	熟悉实训企业 1.了解企业的基本信息 2.熟悉企业的财务管理制度和生产流程 3.分析企业财务部分工及岗位职责 4.分组	了解实训企业的生产经营范围、组织机构设置、生产规模、生产流程等基本信息，熟悉实训企业的财务管理制度、税务资料、银行账号、账务处理程序，理解财务部分工及岗位职责	0.5 天 (3 学时)
四	期初建账 1.建日记账 2.建明细账 3.建总账 4.总账与明细账核对	了解企业建账的注意事项，熟悉企业设置账簿的种类、格式和用途，掌握企业总账、日记账、明细账设置的具体方法以及期初余额的过账方法和期初对账的方法	1 天 (6 学时)

续表

阶　段	实训内容	实　训　要　求	时间安排
五	经济业务会计处理 1.审核外来原始凭证 2.填制自制原始凭证 3.填制记账凭证 4.登记日记账及明细账	了解原始凭证审核的意义，熟悉原始凭证的审核方法，根据原始凭证分析业务的类型和性质，掌握企业计息、折旧、计提减值准备、成本结转、计提税金等月末处理，正确填制记账凭证，运用规范的方法登记日记账和明细账	8天 (48学时)
六	科目汇总	掌握科目汇总的方法并进行试算平衡	0.5天 (3学时)
七	登记总账、对账、结账	规范登记总账，认真进行账实、账证、账账核对，结平所有损益类账户，结出资产、负债、所有者权益类科目的本期发生额及余额	0.5天 (3学时)
八	编制会计报表	熟悉会计报表的种类、格式和内容，掌握资产负债表、利润表、现金流量表的编制方法	0.5天 (3学时)
九	填制纳税申报表	根据企业所处的行业及经济业务，分析并计算企业应缴纳的各项税费，填制相应的纳税申报表	0.5天 (3学时)
十	财务分析	运用财务管理知识，计算具体的财务指标，对会计报表进行分析并写出财务分析报告	0.5天 (3学时)
十一	会计档案装订	熟悉会计档案管理的相关规定，熟练进行会计凭证的装订	0.5天 (3学时)
十二	实习总结	进行实习总结并写出实习报告	0.5天 (3学时)
	合计		15天 (90课时)

2. 场所准备

会计综合实训应安排专门的实训场所。实训场所应模仿企业的财务部，给学生营造出工作氛围和情境。

3. 物资准备

在会计综合实训开始之前，需要准备以下材料及物资。

(1) 点钞券、腰条。

(2) 点钞机。

(3) 记账凭证(150张)。

(4) 总账(1本)。

(5) 日记账(1本)。

(6) 三栏式明细账账页(100张)。

(7) 数量金额式明细账账页(35张)。

(8) 十三栏明细账账页(10张)。

(9) 借贷多栏明细账账页(1 张)。

(10) 空白财务报表(1 套)。

(11) 空白税务报表(1 套)。

(12) 凭证封面(1 套)。

(13) 账钉(1 副)。

(14) 明细账封面(1 副)。

(15) 口曲纸、胶水、红笔、电子计算器、回形针等。

4. 思想准备

实训指导教师应积极引导和鼓励学生以财务部职员的身份来要求自己，不怕苦，不怕累，认真仔细、按质按量地完成工作任务。

1.4 会计综合实训注意事项

在进行会计综合实训的过程中，应注意以下几点。

(1) 强调会计综合实训的作用和意义，使学生充分了解该实训对提高自身实践能力的重要性。很多学生由于对会计综合实训的作用认识不足，主观上认为只有找一家企业或单位财务部门实习才能获得真正的实践工作经验，从而不重视综合实训，导致实训“走过场”或流于形式。

(2) 强调学生的角色转移。在会计综合实训过程中，每个学生都应当把自己当成实训模拟企业的财务人员，去了解和熟悉这个企业，以饱满的工作热情和积极的工作态度认真对待自己的工作。例如，在审核和填制凭证时应仔细谨慎，每天的工作任务应按质按量完成，而不是把实训当成课程作业来做。

(3) 注重实训的综合性。随着社会的发展，对会计专业学生的能力要求越来越高。因此，学生除了应该具备会计核算能力之外，更应该注重财务管理、税务处理、信息化处理等能力。在会计综合实训的过程中，教师应培养学生的财务管理意识，将税务处理、统计分析、信息化处理等知识进行综合运用。

(4) 注重学生能力的培养。在综合实训过程中，应提倡学生遇到问题时自己想办法，通过认真思考、查找数据、咨询、讨论等方式来解决问题。教师在实训过程中的作用是引导，“授之以渔”而不是“授之以鱼”，注重对学生进行职业能力的培养和锻炼。

1.5 会计综合实训的考核

会计综合实训完成后，学生应撰写实训体会，上交会计综合实训的成果，指导老师根据学生在实训中的表现和成果对其进行考核。

考核方式可以采取过程考核和成果考核相结合的形式。过程考核主要考查学生在实训过程中的组织纪律性和积极主动性，成果考核是对学生最后上交的会计核算资料进行全面评价。考核的具体标准和分值由实训指导老师决定。表 1-2 中的评价标准和分值仅供参考。

表 1-2　会计综合实训考核评分标准

考核形式	考核内容	评价标准
过程考核	考勤	总分 10 分，缺勤一次扣 2 分，扣完为止
	实训认真程度	总分 10 分，由老师酌情给分
	提问和发现问题	总分 10 分，由老师根据提问和发现问题的次数和深度酌情打分
成果考核	会计凭证审核与填制	总分 20 分，由老师根据正确率打分
	登记账簿	总分 20 分，由老师根据账面整洁程度和规范性打分
	编制报表	总分 20 分，由老师根据正确率打分
	凭证装订	总分 10 分，由老师根据规范性和美观性打分
总　分		100 分

第 2 章　财会专业基本技能

2.1　会 计 书 写

2.1.1　阿拉伯数字书写

阿拉伯数字 1、2、3、4、5、6、7、8、9、0 是全世界通用的 10 个计数符号。正确、规范书写阿拉伯数字对从事财会工作的人员来说是必不可少的基本功。阿拉伯数字书写正确与否直接关系到会计记账是否准确，也是衡量会计人员专业素质的一项标准。

根据会计基础工作规范的要求，阿拉伯数字书写必须正确、规范、清晰、工整，并符合下列要求。

(1) 书写阿拉伯数字时，必须一个一个地写，不得连笔写；数字的大小要均匀；书写要流畅、自然、不刻板，笔顺清晰，排列整齐。

(2) 书写时应有一定的斜度和高度。倾斜角度一般可掌握在 60 度左右；高度标准，一般要求占凭证横格高度的 1/2 以下，还要注意紧靠横格底线书写，不得写满格，使上方留出一定空位，以便更正时可以再次书写。

(3) 书写排列有序。同一组数字的正确书写应按照自左向右的顺序进行，不可逆方向书写；在没有印刷数字格的会计书写中，同一行相邻数字之间应空出半个数字的位置(以不能增加数字为准)。

(4)　1 不能写短，且要合乎斜度要求，防止被改为 4、6、7、9。

(5)　2、3、5、8 应各自成体，避免混同。

(6)　4 的顶部不封口，且注意中竖的斜度，防止写成正体；“∠”应为死折，折角不能圆滑，否则易被改为 6。

(7) 书写 6 时可适当扩大其字体，使起笔上伸到数码格的 1/4 处；下圆要明显，以防被改为 8。

(8)　7、9 两数字的落笔可下伸到底线外，约占下格的 1/4。书写 7 时，横要平直明显，即稍长，竖稍斜，拐弯处不能圆滑，否则易与 1、9 相混淆。

(9) 写 8 时，要上边稍小、下边稍大，起笔应写成斜 S 形，终笔与起笔交接处应成棱角，防止 3 被改成 8。

(10) 书写 0 时，应紧贴底线，圆要闭合，不宜过小，否则易被改为 9。

(11) 除 4、5 以外的各单数字，均应一笔写成，不能人为地增加数字的画数。

(12)　4 位和 4 位以上的整数部分数字可以从小数点向左按“三位一节”用千分号“,”或行分空分开，以便于读数和汇总计算，如 3,847,185.27 或 3 847 185.27。

(13) 在会计运算或会计工作底稿中，运用上下几行数额累计加减时，应尽可能地保证纵行累计数字的位数对应，以免产生计算错误。

在登记会计账簿的工作中，如果阿拉伯数字书写发生了错误，就要进行更正。更正数字不能在原来数字上涂改、挖补、刮擦、贴纸、用涂改液，或者用消字药水消迹，应当采用划线更正法进行更正。

划线更正法的方法：先用红笔在全部错误的数据上划一条单红线(红线不能过粗，要能看到被划掉的原数据)，然后在错误的数据上面用蓝色或黑色笔书写全部正确的数据。注意，一定要是一个完整的数字，不能只改一半，更不准在原数字上涂改其中一个字码，以免混淆不清。只有部分数字写错(哪怕只有一个字码)，也要把全部数字划线并改正，并由经办人在更正的数据后面加盖印章，以明确责任。一个结果最多只能修改两次。划线更正法的对错示范如图 2.1 所示。

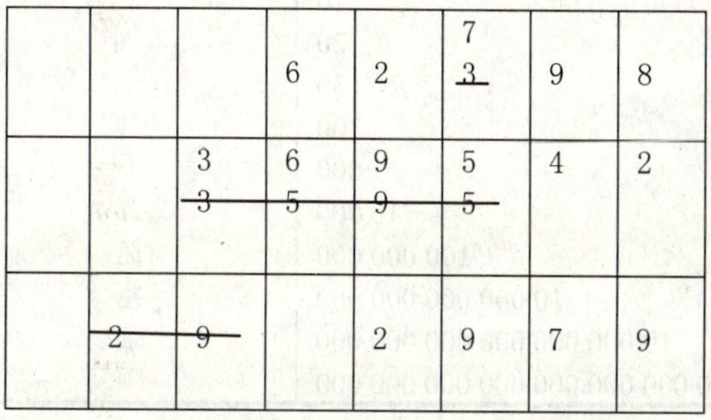

(a) 数字的错误更正方法

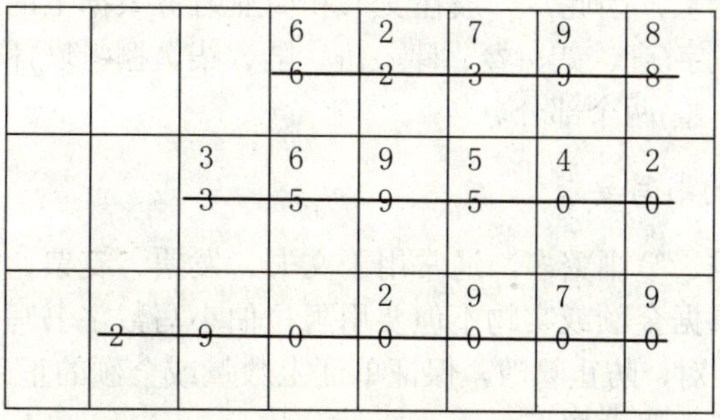

(b) 数字的正确更正方法

图 2.1 划线更正法的对错示范

2.1.2 汉字数字书写

汉字数字分大写和小写两种，在日常工作和生活中，经常要用到这些数字。

1. 阿拉伯数字、汉字小写数字和大写数字的对照

阿拉伯数字、汉字小写数字与大写数字的对照见表 2-1。

表 2-1 阿拉伯数字/汉字小写数字和大写数字的对照

阿拉伯数字	1	2	3	4	5	6	7	8	9	0
汉字小写数字	一	二	三	四	五	六	七	八	九	0
汉字大写数字	壹	贰	叁	肆	伍	陆	柒	捌	玖	零

2. 进位阿拉伯数字和汉字大、小写数字的对照

进位阿拉伯数字与汉字大、小写数字的对照见表 2-2。

表 2-2 进位阿拉伯数字与汉字大、小写数字的对照

进位阿拉伯数字	汉字小写数字	汉字大写数字
10	十	拾
20	二十	廿
30	三十	卅
100	百	佰
1 000	千	仟
10 000	万	万
100 000 000	亿	亿
10 000 000 000 000	兆	兆
10 000 000 000 000 000 000	京	京
100 000 000 000 000 000 000 000 000	顺	顺

无论是阿拉伯数字(1、2、3……)，还是汉字小写数字(一、二、三……)，由于其笔画简单，都容易被涂改伪篡，因此，一般在文书和商业财务票据上的数字都要采用汉字大写数字。汉字数码分为数字(壹、贰、叁、肆、伍、陆、柒、捌、玖)和数位(拾、佰、仟、万、亿、元、角、分、零、整)两个部分。

3. 汉字大写数字的书写要求

汉字大写数字庄重、笔画繁多，通常用于文书、发票、支票、汇票、存单等各种票据的书写。这些重要的票据金额或实物不但要用阿拉伯小写数字书写，而且还要用中文大写数字书写，以供互相核对，防止篡改，保证单证上数量或金额的正确无误，避免经济损失。书写汉字大写数字的基本要求如下。

(1) 汉字大写数字的书写采用正楷或者行书体，不得连笔写。

(2) 不得用〇(另)、一、二(俩)、三、四、五、六、七、八、九、十等简化字代替，以防被涂改，更不得任意自造简化字。

(3) 字体要各自成形，大小匀称，排列整齐，字迹工整、清晰。

汉字大写数字的正楷、行书字体见表 2-3。

表 2-3 汉字大写数字的正楷和行书字体

字体	汉字大写数字																	
正楷	壹	贰	叁	肆	伍	陆	柒	捌	玖	拾	佰	仟	万	亿	元	角	分	整
行书	壹	貳	叁	肆	伍	陆	柒	捌	玖	拾	佰	仟	万	亿	元	角	分	整

2.1.3 大、小写金额的书写

1. 小写金额的标准写法

(1) 阿拉伯数字金额前必须书写货币币种符号(如¥、£、$)。人民币符号“¥”是汉语拼音 yuan 第 1 个字母 Y 的缩写变形，既代表了人民币的币种，又表示人民币“元”的单位；为了区别 Y 和阿拉伯数字之间的误认和误写，在 Y 字上加上两横而写作“¥”，读音仍为“元”。因此，小写金额前填写人民币符号“¥”后，数字后面可不写“元”字。

(2) 币种符号与阿拉伯数字之间不得留有空白。例如，“人民币 20 500 元”，小写金额应写为“¥20 500”，不得写为“¥ 20 500”。

(3) 以元为单位的阿拉伯数字，除表示单价等情况外，一律填写到角、分；无角、分的，角位和分位可以各填一个 0，或者填写符号“—”；有角无分的，分位应当填写 0，不得用符号“—”代替。

(4) 只有分位余额的，在元位和角位上各填一个 0，并在元和角之间写一个小数点，如“¥0.03”。

2. 大写金额的标准写法

(1) 大写金额要紧靠货币名称(如“人民币”)书写，不得留有空白。如果大写金额数字前未印有货币名称，则应当加填货币名称。

(2) 正确运用“整”字。大写金额数字到元或角为止的，在“元”或“角”之后应写“整”字；大写金额数字有分位的，分位后面不写“整”字。例如，“¥723.00”应写为“人民币柒佰贰拾叁元整”，“¥723.30”可写为“人民币柒佰贰拾叁元叁角整”，但“¥723.36”应写为“人民币柒佰贰拾叁元叁角陆分”。

(3) 正确书写中间的“零”。阿拉伯金额数字中间有 0 时，汉字大写金额要写“零”字。例如，“¥1 809.60”应写为“人民币壹仟捌佰零玖元陆角整”；阿拉伯金额数字元位是 0 的，或者元位前几位连续有几个 0，元位也是 0，但角位不是 0 的，汉字大写金额可以只写一个“零”字或不写“零”。例如，“¥4 270.58”，大写金额应写为“人民币肆仟贰佰柒拾元零伍角捌分”或 “人民币肆仟贰佰柒拾元伍角捌分”。又如，“¥27 000.56”，汉字大写金额应写为“人民币贰万柒仟元零伍角陆分”，或者写成“人民币贰万柒仟元伍角陆分”。阿拉伯金额数字角位是 0，而分位不是 0 的，汉字大写金额“元”后面应写“零”字。例如，“¥6 208.03”，大写金额应写成“人民币陆仟贰佰零捌元零叁分”。

(4) 阿拉伯金额数字 1 开头的，大写金额应加写“壹”字。例如，“¥18.27”，大写金额应写成“人民币壹拾捌元贰角柒分”；又如，“¥175 800.00”，大写金额应写成“人民币壹拾柒万伍仟捌佰元整”。

(5) 在印有大写金额万、仟、佰、拾、元、角、分的凭证上书写大写金额时，金额前面如有空位，可画“⊗”注销，阿拉伯金额数字中间有几个 0(含分位)，汉字大写金额就写几个“零”字。

(6) 写错不准涂改。为了防止作弊，银行、单位和个人填写的各种票据和结算凭证的汉字大写金额一律不许涂改，一旦出错，则该凭证作废，需要重新填写。

2.1.4 汉字大写票据日期的书写

票据和结算凭证是银行、单位和个人记载账务的会计凭证，是记载经济业务和明确经济责任的一种书面证明。为防止变造票据的出票日期，本票、支票上的出票日期必须使用汉字大写，具体填写要求如下。

(1) 票据的出票日期必须使用汉字大写。

(2) 在填写月、日时，月为 1、2 和 10 的，日为 1～9 和 10、20 和 30 的，应在其前加写“零”字。例如，“2010 年 10 月 09 日”，应写成“贰零壹零年零壹拾月零玖日”。

(3) 日为 11～19 的，应在其前加写“壹”字。例如，“2010 年 1 月 18 日”应写成“贰零壹零年零壹月壹拾捌日”。

票据出票日期使用小写填写的，银行不予受理。大写日期未按要求规范的，银行可予以受理，但因此而造成的损失由出票人自行承担。

2.1.5 支票的填写

(1) 支票出票日期的填写必须使用汉字大写，且应按照汉字大写票据日期的书写规范来填写。

(2) 支票上的收款人、付款人姓名和签发人栏目及账号应写单位的全称或个人的姓名，不得简写。

(3) 签发人签章处应盖上签发人在银行预留的签章(称为印鉴)，一般使用本单位授权的财务专用章和法人代表的人名章。

(4) 支票上的大、小写金额，日期和收款人若填写错误，不得修改，需作废重填。

支票的填制如图 2.2 所示。

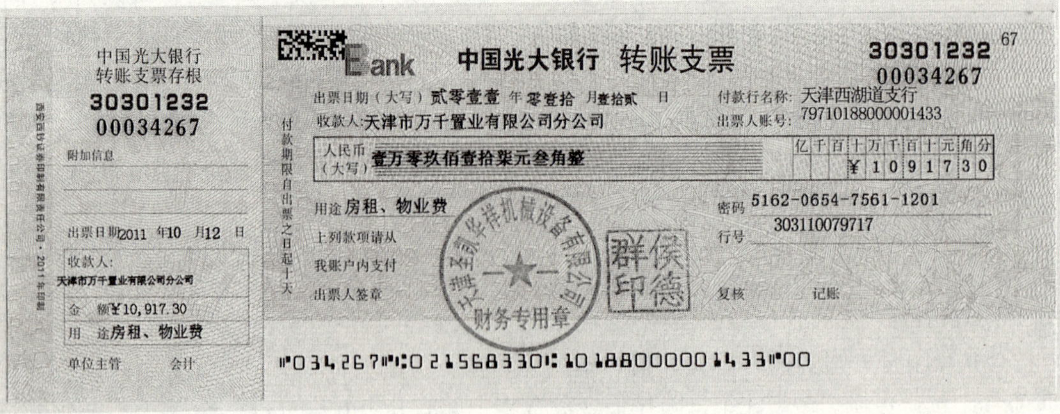

中国光大银行
转账支票存根
30301232
00034267
附加信息
出票日期2011 年10 月12 日
收款人:
天津市万千置业有限公司分公司
金 额¥10,917.30
用 途房租、物业费
单位主管 会计

Bank 中国光大银行 转账支票 30301232 00034267 67
出票日期（大写）贰零壹壹 年 零壹拾 月壹拾贰 日
付款行名称: 天津西湖道支行
收款人:天津市万千置业有限公司分公司
出票人账号: 79710188000001433
付款期限自出票之日起十天

人民币（大写）	亿	千	百	十	万	千	百	十	元	角	分
壹万零玖佰壹拾柒元叁角整				¥	1	0	9	1	7	3	0

用途房租、物业费
密码 5162-0654-7561-1201
行号 303110079717
上列款项请从
我账户内支付
出票人签章
财务专用章
侯德群印
复核 记账

图 2.2 支票填制示例

2.1.6 摘要的书写

会计摘要是用文字等形式记录和反映经济业务简要内容的一种方法。摘要受账页或凭证格式的限制，不能写得太详细，但也不能过于简略，否则不能完整地反映经济业务内容。填写摘要时应简明扼要、详略得当、含义清楚、抓住重点、书写整洁，以说明问题为主。写物要有品名、数量、单价；写事要有过程；银行结算凭证要注明支票号码、去向；送存款项要注明现金、支票、汇票等；遇有冲转业务，不应只写冲转，应写明冲转某年某月某日某项经济业务及凭证号码，也不能只写对方科目，而要将经济业务的内容尽可能地简要表述出来，反映其经济业务概况。

书写摘要的一般要求如下。

(1) 填制记账凭证和登记账簿时，必须用碳素笔或钢笔书写，不得使用圆珠笔、铅笔或纯蓝色墨水笔，字体应使用楷书或行书，不能写成草书。

(2) 以原始凭证为依据，真实反映会计凭证中有关经济业务的内容。

(3) 日常收支业务摘要的编写要规范统一、简明扼要。

(4) 摘要中需要反映必要的数字。

(5) 账簿上的“摘要栏”应根据记账凭证上的“摘要”填写。

(6) 填写错误需要更正的文字、数字不能随意涂改、刀刮、贴纸、用药水洗等，应按更正错账的要求去更正。

经济业务的发生是编写会计摘要的基础。对经济业务了解得越清楚、越透彻，会计摘要就能编写得越准确、越精练。因此，会计人员必须熟悉本单位业务，掌握资金流动状况，还要勤于学习，善于积累，在实践中不断熟悉业务，提高技能。

2.2 点钞和验钞

2.2.1 点钞

点钞方法主要有手工点钞和机器点钞两种，两者相辅相成，在日常工作中通常结合使用。

1. 手工点钞

根据持票姿势不同，手工点钞又可分为手按式点钞和手持式点钞。手持式点钞是将钞票拿在手上进行清点的点钞方法，其速度比手按式点钞方法快，手持式点钞一般有手持式单指单张点钞法、手持式单指多张点钞法、手持式四指四张点钞法等方法。

手按式点钞是将钞票平放在桌面上进行清点的点钞方法，一般可分为手按式单张点钞法、手按式双张点钞法、手按式三张和四张点钞法等多种方法。

1) 手持式单指单张点钞法

手持式单指单张点钞是一种适用面较广的点钞方法，可用于收款、付款和整点各种新旧大小钞券。这种点钞方法的优点：持票人持票所占的票面较小，视线可及票面的3/4，容易发现假票，挑剔残破币也较方便。其具体操作如下。

(1) 持钞。用左手中指和无名指夹住钞券的左端中间，食指和中指在前面，中指弯曲，食指伸直；无名指和小指放在钞券后面并自然弯曲。左手拇指在钞票下边沿后侧约占票面的 1/3 处用力将钞券向上翻起呈瓦形，使钞券正面朝向身体，并用拇指捏拄钞票里侧边缘向外推，食指协助拇指，使钞票打开呈微扇形状。

(2) 清点。左手持钞稍斜，正面对胸前，右手捻钞。捻钞从右上角开始，用右手拇指尖向下捻动钞票的右上角，拇指不要抬得太高，动作的幅度也不宜太大，以免影响速度。右手食指在钞票背面托住少量钞票配合拇指工作，随着钞票的捻出要向前移动，以及时托住另一部分钞票。无名指将捻下来的钞票往怀里方向弹，每捻下 1 张弹 1 次，要注意轻点快弹。中指翘起不要触及票面，以免妨碍无名指动作。在清点中，拇指上的水用完可向中指沾一下便可点完 100 张。同时，左手拇指也要配合动作，当右手将钞券下捻时，拇指要随即向后移动，并用指尖向外推动钞券，以使捻钞时下钞均匀。在这一环节中，要注意右手拇指捻钞时，主要负责将钞券捻开，下钞主要靠无名指弹拨。

(3) 挑残破券。在清点过程中，如果发现残破券应按剔旧标准将其挑出。为了不影响点钞速度，点钞时不要急于抽出残破券，只要用右手中指、无名指夹住残破券将其折向外边，待点完 100 张后再抽出残破券，补上完整券。

(4) 记数。在清点钞券的同时要记数。由于单指单张每次只捻 1 张钞券，记数也必须一张一张记，直至记到 100 张。从“1”到“100”的数中，绝大多数是两位数，记数速度往往跟不上捻钞速度，所以必须巧记，通常可采用分组计数法。分组记数法有两种方法。一种是 1、2、3、4、5、6、7、8、9、1，1、2、3、4、5、6、7、8、9、2，…，1、2、3、4、5、6、7、8、9、10。这样正好 100 张。这种方法是将 100 个数编成 10 个组，每个组都由 10 个一位数组成，前面 9 个数都表示张数，最后一个数既表示这一组的第 10 张，又表示这个组的组序号码即第几组。这样在点数时，记数的频率和捻钞的速度能基本吻合。另一种方法是 1、2、3、4、5、6、7、8、9、10，2、2、3、4、5、6、7、8、9、10，…，10、2、3、4、5、6、7、8、9、10。这种记数方法的原则与前一种相同，不同的是把组的号码放在了每组数的前面。这两种记数方法既简捷迅速又省力好记，有利于准确记数。记数时要注意不要用嘴念出声来，要用心记，做到心、眼、手三者密切配合。

2) 手持式单指多张点钞法

手持式单指多张点钞法是在手持式单指单张的基础上发展起来的。其优点是点钞效率高，记数简单省力。但由于拇指一次捻下几张钞券，除第 1 张外，后面几张看到的票面较少，不易发现残破券和假币。这种点钞法的操作方法除了清点和记数外，其他均与手持式单指单张点钞方法相同。

(1) 清点。清点时右手拇指肚放在钞券的右上角，拇指尖略超过票面。如果点双张，先用拇指肚捻下第 1 张，拇指尖捻下第 2 张。如果点 3 张及 3 张以上时，同样先用拇指肚捻下第 1 张，然后依次捻下后面一张，用拇指尖捻下最后一张。拇指要均衡用力，捻的幅度也不要太大，食指、中指在钞券后面配合拇指捻动，无名指向怀里弹。为了增大审视面，并保证左手切数准确，点数时眼睛要从左侧向右看，这样容易看清张数、残破券和假币。

(2) 记数。由于一次捻下多张，应采用分组记数法，以每次点的张数为组记数。例如点3张，即以3张为组记数，每捻3张记一个数，33组余1张就是100张。又如点5张，即以5张为组记数，每捻5张记一个数，20组就是100张。以此类推。

3) 手持式四指四张点钞法

手持式四指四张点钞法是一种比较适合柜面收付款业务的点钞方法。它的优点是速度快、效率高，经常在复点和比赛中用到。

(1) 持钞。钞券横立，左手持钞。持钞时，手心朝胸前，手指向下，中指在票前。食指、无名指、小指在后，将钞券夹紧，以中指为轴心五指自然弯曲，中指第2关节顶住钞券，向外用力。小指、无名指、食指、拇指同时向手心方向用力，将钞券压成"U"形，"U"口朝里。这里要注意食指和拇指要从右上侧将钞券往里下方轻压，打开微扇。手腕向里转动90度，使钞券的凹面向左但略朝里，凸面朝外向右。中指和无名指夹住钞券，食指移到钞券外侧面，用指尖管住钞券，以防下滑。大拇指轻轻按住钞券外上侧，既防钞券下滑又要配合右手清点。最后，左手将钞券移至胸前约20厘米的位置，右手五指同时沾水，做好清点准备。

(2) 清点。两只手摆放要自然。一般左手持钞略低，右手手腕抬起高于左手。清点时，右手拇指轻轻托住内上角里侧的少量钞券，其余四指自然并拢，弯曲成弓形，食指在上，中指、无名指、小指依次略低，4个指尖呈一条斜线，然后从小指开始，4个指尖依次各捻下一张，四指共捻4张。接着以同样的方法清点，循环往复，点完25次即点完100张。用这种方法清点要注意几个方面：①捻钞券时动作要连续，下张时一次一次连续不断，当食指捻下本次最后一张时，小指要紧紧跟上，每次之间不要间歇；②捻钞的幅度要小，手指离票面不要过远，4个指头要一起动作，加快往返速度；③四个指头与票面接触面要小，应用指尖接触票面进行捻动；④右手拇指随着钞券的不断下捻向前移动，托住钞券，但不能离开钞券；⑤在右手捻钞的同时左手要配合动作，每当右手捻下一次钞券，左手拇指就要推动一次，二指同时松开，使捻出的钞券自然下落，再按住未点的钞，往复动作，使下钞顺畅自如。

(3) 记数。采用分组记数法。以4个指头顺序捻下4张为1次，每次为1组，25次即25组，即为100张。

4) 手按式单张点钞法

手按式单张点钞法是一种传统的点钞方法，适用于收款、付款和整点各种新旧大小钞票，特别适用于整点辅币及残破票多的钞票。此法看到的票面较大，便于挑剔残破票，但在速度上比手持式单张点钞法慢，劳动强度也大些。其基本操作要领如下。

将钞票横放在桌上，正对点钞员，用左手无名指、小指接住钞票的左上方约1/4处，用右手拇指托起右下角的部分钞票；用右手食指捻动钞票，每捻起一张，左手拇指即往上推动送到食指和中指之间夹住，即完成了一次点钞动作，以后依次连续操作。其计数方法与手持式单指单张点钞法相同。

5) 手按式双张点钞法

手按式双张点钞法的速度比手按式单张点钞法快一些，但挑残破币不方便，不适用于整点残破券多的钞票，且这种方法的劳动强度也较大。其基本操作要领如下。

将钞票斜放在桌上，左手的小指、无名指压住钞票的左上方约1/4处，右手食指、中指沾水。沾水后，用拇指托起右下角的部分钞票，右臂倾向左前方，然后用中指向下捻起第 1 张，随即用食指再捻起第 2 张，捻起的这两张钞票由左手拇指向上送到食指和中指间夹住。

计数采用分组记数，两张为 1 组，数到 50 即为 100 张。

6) 手按式三张和四张点钞法

手按式三张和四张点钞法是在手按式单张、双张基础上发展起来的点钞方法。它的速度更快，但除第 1 张外，其余各张能看到的票面小，不宜整点残破券较多的钞票。其基本操作要领如下。

(1) 放票。把钞票斜放在桌上，使其右下角稍伸出桌面，坐的椅子要向右斜摆，使身体与桌子成一个三角形，便于右手肘部枕在桌面上，操作起来省力。

(2) 清点。以左手小指、无名指、中指接住钞票的左上角，右手肘部枕在桌面上，拇指托起右下角的部分钞票，小指弯曲。三张点钞是以右手无名指先捻起第 1 张，随即以中指、食指顺序各捻起 1 张。四张点钞则以右手小指先捻起第 1 张，随即以无名指、中指、食指依顺序各捻起 1 张。捻起的 3 张(或 4 张)钞票用左手拇指向上推送到食指和中指间夹住。

(3) 记数。采用分组记数，三张点钞是每 3 张为一组记 1 个数，数到 33 最后剩余 1 张，即为 100 张。四张点钞是每 4 张为 1 组记 1 个数，数到 25 正好是 100 张。

2. 机器点钞

机器点钞就是使用点钞机代替手工点钞。点钞机是一种自动清点钞券数目的机电一体化装置，一般带有荧光检测、磁性检测、红外穿透检测和激光检测功能。它比手工点钞效率高得多，每小时可点 5 万张左右，已广泛应用于各金融行业和有现金流量的企、事业单位。现在，点钞机已成为点钞人员点钞的得力助手和不可缺少的设备，特别是遇到可疑钞券，点钞机的多种检测功能能帮助工作人员辨别真伪。使用机器整点票币，可以减轻点钞人员的劳动强度，还可以提高点钞的工作效率、改善服务质量等。

1) 点钞准备

(1) 放置好点钞机。点钞机放置的位置应该避开强光源，如果光线过强，会使硅光电池出现损坏、短路等问题，缩短点钞机的使用寿命。

(2) 放置好钞券和工具。把待点的钞票理好，码放整齐，一般未点的钞票放在机器右侧，按大小票面顺序分开排列，切不可大小夹杂排列。经复点的钞券放在机器左侧，其他各种工具的放置要适当、顺手。为便于分张和下钞流畅，对于压紧的纸币应拍松后再捻开，否则容易下双张或出现“拥塞”现象。

(3) 试机。打开电源，使用时先确定一下点钞机是否处于智能状态(相应的指示灯点亮)。荧光数码显示若不是 0，那么要按 0 按钮，使其复位为 0。调试一般要求达到不松、不紧、不吃、不塞，力求下钞流畅、点钞准确、转速均匀、落钞整齐。

2) 点钞操作

做好以上准备工作后，就可以开始点钞机的操作了。点钞机的操作程序如下。

(1) 持券拆把。右手捏住钞票右上角，左手将捆钞纸条撕下，放在桌上不要丢掉，以便查错用，并顺势将钞票捻成前低后高的坡形，这样即可将钞券放入下钞斗。

(2) 清点。下钞时，点钞员要注意输钞带上的钞券面额，看钞券是否夹有其他票券、损伤券等。处于智能状态的点钞机，在清点过程中若发现假币会自动停止，蜂鸣器发出“嘟嘟”几声报警信号，或在任意工作状态下指示灯亮，并且闪烁，这时取出假币后按启动键可继续清点。

(3) 计数。整把钞券下张完毕时，要查看数码显示是否为100，如果不是100，需复点。在复点前，应先将数码显示置为0状态，并保管好原把腰条纸。若经复点仍为原数，又无其他不正常因素时，说明该把钞票张数有误，应立即将钞券连同原腰条纸用新的腰条纸一起扎好，并在新的腰条纸上写上差错张数，另做处理。

(4) 取券、扎把、盖章。取出刚点完的钞券时，特别要注意取净，防止“吃钞”，造成混把。一把点完，计数为百张，无误后墩齐即可扎把、盖章。

3) 点钞容易发生的差错

机器点钞效率高，差错率低，但也会因为操作不当等原因发生差错。机器点钞容易发生的差错包括以下几种。

(1) 接钞台留张。左手到接钞台取钞时，有时会漏拿一张，造成留张。

(2) 机器“吃钞”。钞券较旧，很容易卷到输钞轴上或带进机器内部。

(3) 多计数。钞券开档破裂，或一把钞券内残留纸条、杂物等，也会造成多计数。

(4) 计数不准。计数不准除了电路毛病和钞券本身的问题外，光电管、小灯泡积灰，或电源异常、电压大幅度下降都会造成多计数或少计数。

4) 机器点钞注意事项

为了防止机器点钞发生差错，应注意以下事项。

(1) 在取出刚点完的钞票时，要特别注意取净，防止落下，造成混把。

(2) 点完一个单位的钞票后，要清理一次机器底下，看是否有遗张。特别是在发现少款的情况时，要仔细检查输钞带、捻钞轮底下是否有“吃钞”情况存在。

(3) 在机器点钞过程中，如下钞正常，目光要集中在输钞带上，直至下钞完毕，目光再移到数码显示上，看余额是否准确。

2.2.2 验钞

1. 第五套人民币纸币的防伪特征

1) 固定水印

水印位于各种票面正面左侧的空白处，迎光透视就可以看见。100元、50元纸币的固定水印为毛泽东同志头像图案；20元、10元、5元纸币的固定水印分别为荷花、月季花和水仙花图案。

2) 红、蓝彩色纤维

在各券别票面上均可以看到纸张中有不规则分布的红色和蓝色纤维。

3) 安全线

在各券别票面正面中间偏左，均有一条安全线。100元、50元纸币的安全线，迎光透视，分别可以看到缩微文字 RMB100、RMB50，用仪器检测均有磁性；10 元、5 元纸币安全线均为开窗式，即安全线局部埋入纸张中，局部裸露在纸面上，开窗部分分别可以看到由缩微字符¥10、¥5 组成的全息图案，用仪器检测均有磁性；20 元纸币，迎光透视，则是一条明暗相间的安全线。

4) 手工雕刻头像

各券别正面主景均为毛泽东同志头像，采用手工雕刻凹版印刷工艺，形象逼真、传神，凹凸感强，易于识别。

5) 隐形面额数字

各券别正面右上方均有一装饰图案，将票面置于与眼睛接近平行的位置，面对光源做平面旋转 45 度或 90 度角，分别可看到面额数字 100、50、20、10、5 字样。

6) 胶印微缩文字

各券别正面胶印图案中，多处均印有缩微文字，20 元纸币背面也有该防伪措施。100 元缩微文字为 RMB100、50 元为 RMB50、20 元为 RMB20、10 元为 RMB10、5 元为 RMB5，大多隐藏在花饰中。

7) 雕刻凹版印刷

各券别正面主景毛泽东同志头像、“中国人民银行”行名、面额数字、盲文面额标记和背面主景图案(20 元纸币除外)等均采用雕刻凹版印刷，用手指触摸有明显凹凸感。

8) 冠字号码

各类别冠字号码均采用两位冠字，8 位号码。100 元、50 元纸币票面正面均采用横竖双号码印刷，横号码均为黑色，竖号码分别为蓝色和红色。20 元、10 元、5 元票面正面均采用双色横号码印刷，左侧部分均为红色，右侧部分均为黑色。

9) 光变油墨面额数字

100 元、50 元票面正面左下方分别印有 100、50 字样，该字样从票面垂直角度观察分别为绿色和金色，倾斜一定角度观察则分别变为蓝色和绿色。

10) 阴阳互补对印图案

100 元、50 元、10 元票面正面左下角和背面右下角均有一圆形局部图案，迎光透视，均可以看到正背面图案合并组成一个完整的古钱币图案。

2. 假币的识别方法

识别人民币纸币真伪，通常采用“一看、二摸、三听、四测”的方法。

1) 一看

(1) 看水印。假币的水印均用无色油墨直接印在纸张正面，水印模糊，没有立体感。

(2) 看安全线。以 HD90、HB90 打头的 100 元假币有两种安全线：①用银黑色磁带夹在正背面纸张中，并在背面用银色油墨烫印全息图案；②用黑色油墨在假币正面印刷黑色条纹，背面用银色油墨烫印全息图案，并刷上磁粉。

(3) 看光变油墨。假币使用珠光油墨印制而成的，无光变效果。

(4) 看隐形面额数字。以 HD90、HB90 等打头的假纸币隐形面额数字用无色油墨印刷，无须旋转角度即可看见面额 100 的字样。

(5) 看票面图案是否清晰，色彩是否鲜艳。阴阳互补对印图案错位的纸币肯定是假币。另外，还可以用5倍以上放大镜观察票面，看图案线条、缩微文字是否清晰干净。

2) 二摸

摸人像、盲文点、手工雕刻头像、“中国人民银行”行名等处是不是有凹凸感，没有凹凸感的就是假币。

3) 三听

手持钞票用力抖动、手指轻弹或两手一张一弛轻轻对称拉动，能听到清脆响亮的声音。假币为机制胶印，纸质绵软、没有韧性，用手甩动时，声音沉闷。

4) 四测

借助放大镜可以观察票面线条清晰度、胶、凹印缩微文字等；用紫外灯光照射票面，可以观察钞票纸张和油墨的荧光反映；用磁性检测仪可以检测黑色横号码的磁性。

3. 发现假人民币的处理方法

(1) 单位的财会出纳人员，在收付现金时发现假币，应立即送交附近银行鉴别。

(2) 单位发现可疑币不能断定真假时，发现单位不得随意加盖假币戳记和没收，应向持币人说明情况，开具临时收据，连同可疑币及时报送当地人民银行鉴定。经人民银行鉴定，确属假币时，应按发现假币后的办法处理；如确定不是假币，应及时将钞票退还持币人。

(3) 广大群众在日常生活中发现假币，应立即就近送交银行鉴定，并向公安机关和银行举报及提供有关详情，协助破案。

(4) 银行收到假币时，应按规定予以没收，并当着顾客面在假币上加盖假币戳记印章，同时开具统一格式的“假人民币没收收据”给顾客，将所收假币登记造册，妥善保管，定期上交中国人民银行当地分支行。

(5) 假币没收权属于银行、公安和司法部门。其他单位和个人如果发现假币，应按上述办法处理或按当地反假币法规所规定的办法办理。

2.3 电子计算器使用

目前，市场上的计算器规格不同，型号繁多。财会人员常用的计算器属小型普通电子计算器，也叫算数计算器。它可进行加、减、乘、除、乘方、开方、百分比等运算，一般只有一个存储器。计算器体积小，重量轻，使用方便。

2.3.1 电子计算器功能键介绍

各种小型电子计算器因为品牌、型号不一，外观会有所差异，但其基本结构大致相同。其基本的外形结构包括基本功能键、显示器、电源开关、电池盒。下面以卡西欧DM-1200V小型计算器为例，介绍其各功能键的作用，如图2.3所示。

图 2.3　卡西欧 DM-1200V 小型计算器

小型计算器功能键的说明见表 2-4。

表 2-4　小型计算器功能键的说明

功能键	说　明
0～9	数字键，用来输入数字
.	小数点键，用来确定输入的是整数或小数，按此键后即为小数
＋、－、×、÷	四则运算功能键和符号键，用来进行加、减、乘、除运算和结果键
＋/－	符号变换键，用来改变显示数字的正负号
%	百分比键，用来计算某数的百分比
AC	清除键
CE	改正错误键
▸	退位键
√	开平方键，用来计算一个数的算术平方根。注意，被开方数不能为负数
GT	总和计算，按下“=”或“%”键，结果会累计在总和中，按一次可显示总和，按两次可清除总和
MU	损益运算键
M+	内存加法键
M-	内存减法键
MR	显示内存中的数字
MC	清除内存中的数字
↓5/4↑	四舍五入键
F4320A	小数点选位键 F；浮动小数 4、3、2、0；固定有效小数点位数 A(ADD2)：自动进行两位小数的加减运算

2.3.2　电子计算器标准指法及训练

使用电子计算器应保持良好的姿势，两脚平放、身体坐正略向前倾、两臂放松。电子

图 2.4 电子计算器标准指法

计算器一般放在身体右侧，用右手操作电子计算器的各功能键。右手手指的分工：拇指负责 AC、CE、ON 键位；食指负责 0、1、4、7 键位；中指负责 00、2、5、8 键位；无名指负责 3、6、9 键位；小指负责＋、－、×、÷键位。使用电子计算器前，先把食指、中指、无名指、小指依次放在 4、5、6、＋键位上定位(如图 2.4 所示)，然后根据需要输入的功能键上下移动各手指。刚开始训练时，可以按照标准指法看键输入数字，反复练习，循序渐进，熟能生巧，做到“稳、准、快”，逐步达到盲打的要求。

2.4 会计人员工作交接

会计人员工作交接是会计工作中的一项重要内容。做好会计交接工作的目的，是使会计工作能够前后衔接，保证会计工作连续进行，并正确判断移交人员和接管人员的相关责任。同时，严格的会计交接工作手续可以防止因会计人员的变更出现账目不清、财务混乱等现象。

2.4.1 会计交接工作的基本要求

会计交接是一项严肃认真的工作，不仅涉及会计工作的连续性，而且关系到有关人员的法律责任。因此，要求交接双方和监督交接人员以及其他相关人员必须认真对待。根据《会计法》的规定，会计人员调动工作或者离职、单位撤销、单位合并、单位分立等情况必须办理会计工作交接。会计人员调动工作或者离职，必须与接管人员办清交接手续。一般会计人员办理交接手续，由会计机构负责人(会计主管人员)监管交接；会计机构负责人(会计主管人员)办理交接手续，由单位负责人监交，必要时主管单位可以派人会同监交。单位撤销、单位合并、单位分立时，必须留有必要的会计人员，并会同有关人员做好清理工作，编制决算。未移交前，原会计人员不得离职。

除《会计法》规定的“会计人员在调动工作或离职时必须办理会计工作交接”的情形之外，会计人员在临时离职或其他原因暂时不能工作时，也应办理会计工作交接，《会计基础工作规范》对此作了进一步的规定：因临时离职或因病不能工作而需要接替或代理的，会计机构负责人(会计主管人员)或单位负责人必须指定专人接替或者代理，并办理会计工作交接手续；临时离职或因病不能工作的会计人员恢复工作时，应当与接替或代理人员办理交接手续；移交人员因病或其他特殊原因不能亲自办理移交手续的，经单位负责人批准，可由移交人委托他人代办交接，但委托人应当对所移交的会计凭证、会计账簿、财务会计报告和其他有关资料的真实性及完整性承担法律责任。

2.4.2 会计交接工作的程序

办理会计工作交接的基本程序如图 2.5 所示。

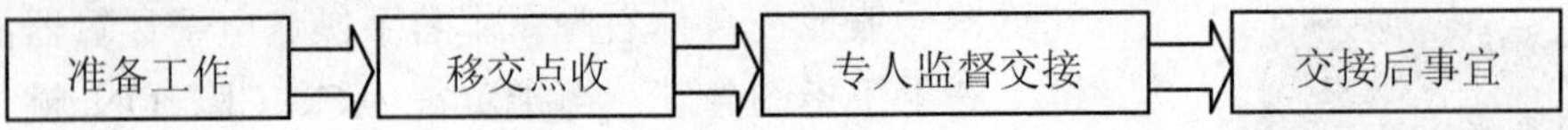

图 2.5 会计工作交接的基本程序

(1) 准备工作。会计人员在办理会计工作交接前，必须做好以下准备工作。①已经受理的经济业务尚未填制会计凭证的，应当填制完毕。②尚未登记的账目应当登记完毕，结出余额，并在最后一笔余额后加盖经办人印章。整理好应该移交的各项资料，对未了事项和遗留问题要写出书面说明材料。③编制移交清册，列明应该移交的会计凭证、会计账簿、财务会计报告、公章、现金、有价证券、支票簿、发票、文件、其他会计资料和物品等内容。实行会计电算化的单位，从事该项工作的移交人员应在移交清册上列明会计软件及密码、会计软件数据盘、磁带等内容。④会计机构负责人(会计主管人员)移交时，应将财务会计工作、重大财务收支问题和会计人员的情况等向接替人员介绍清楚。

(2) 移交点收。移交人员离职前，必须将本人经管的会计工作在规定的期限内全部向接管人员移交清楚。接管人员应认真按照移交清册逐项点收，其具体要求如下。①现金要根据会计账簿记录余额进行当面点交，不得短缺，接替人员发现不一致或“白条抵库”现象时，移交人员在规定期限内负责查清处理。②有价证券的数量要与会计账簿记录一致，有价证券面额与发行价不一致时，按照会计账簿余额交接。③会计凭证、会计账簿、财务会计报告和其他会计资料必须完整无缺，不得遗漏。如有短缺，必须查清原因，并在移交清册中加以说明，由移交人负责。④银行存款账户余额要与银行对账单核对相符，如有未达账项，应编制银行存款余额调节表，调节后的余额应相等；各种财产物资和债权债务的明细账户余额，要与总账有关账户的余额核对相符；对重要实物要实地盘点，对余额较大的往来账户要与往来单位、个人核对。⑤公章、收据、空白支票、发票、科目印章以及其他物品等必须交接清楚。实行会计电算化的单位，交接双方应在电子计算机上对有关数据进行实际操作，确认有关数字正确无误后，方可交接。

(3) 专人监督交接。为了明确责任，会计人员办理工作交接时，必须有专人负责监督交接。通过监督交接，保证双方都按照国家有关规定认真办理交接手续，防止流于形式，保证会计工作不因人员变动而受影响，保证交接双方处在平等的法律地位上享有权利和承担义务，不允许任何一方以大压小，以强凌弱，或采取非法手段进行威胁。移交清册应当经过监督交接人员审查和签名、盖章，作为交接双方明确责任的证件。

(4) 交接后事宜。交接后的有关事宜如下。①会计工作交接完毕后，交接双方和监督交接人在移交清册上签名或盖章，并应在移交清册上注明单位名称、交接日期、交接双方和监督交接人的职务和姓名、移交清册页数、需要说明的问题和意见等。②接管人员应继续使用移交前的账簿，不得擅自另立账簿，以保证会计记录前后衔接，内容完整。③移交清册一般应填制一式三份，交接双方各执一份，存档一份。《会计基础工作规范》第三十五条规定，移交人员对移交的会计凭证、会计账簿、会计报表和其他会计资料的合法性及真实性承担法律责任。根据上述规定，如果移交人员所移交的会计资料是在其经办会计工作期间内发生的，那么他就应当对这些会计资料的合法性、真实性负责，即使接替人员在交接时因疏忽没有发现所交接会计资料在合法性、真实性方面的问题，如果事后发现，也应由原移交人员负责，原移交人员不应以会计资料已经交接而推卸责任。如果所发现的会计资料在真实性、合法性方面的问题不在原移交人员的经办期间发生，而是在其后，则不应由原移交人员承担责任，而应由接管人员承担责任。

会计工作人员交接书(范例)

资料：天津市红星啤酒股份有限公司出纳人员张平因工作需要，经公司有关部门批准调离出纳岗位，由李红接管张平的工作。2010 年 7 月 1 日，在监交人李明的监交下，完成了交接的必要程序。填写的“出纳员交接书”如下。

出纳员交接书

原出纳员张平，因工作调动，财务处已决定将出纳工作移交给李红接管。

一、交接日期

2010 年 7 月 1 日。

二、主要账户的余额

1. 库存现金：2010 年 6 月 30 日账面余额为 6 460 元，与实存相符，与总账相符。
2. 库存国库券：628 000 元，经核对无误。
3. 银行存款余额：8 120 000 元，经编制“银行存款余额调节表”，核对无误。

三、移交的会计凭证、账簿、文件

1. 本年度现金日记账 1 本。
2. 本年度银行存款日记账 1 本。
3. 空白现金支票 30 张(2541～2570 号)。
4. 空白转账支票 20 张(0051～0070 号)。
5. 银行对账单 1～6 月份 6 张。
6. 6 月份未达账项说明一份。
7. 付款凭单 1 本(51～70 号)。
8. 专用收据 1 本(201～220 号)。

四、印鉴

1. 天津市红星啤酒股份有限公司现金“付讫”章 1 枚。
2. 天津市红星啤酒股份有限公司现金“收讫”章 1 枚。
3. 科目章一盒。

五、交接前后工作责任的划分

2010 年 7 月 1 日前的出纳责任事项由张平负责；2010 年 7 月 1 日起的出纳工作由李红负责。

以上移交事项均经交接双方认定无误。

六、本交接书一式三份，双方各执一份，存档一份。

移交人：张平(签名盖章)　　接管人：李红(签名盖章)　监交人：李明(签名盖章)

天津市红星啤酒股份有限公司财务部
2010 年 7 月 1 日

实训　财会基本技能训练

实训目的

通过实训，使学生了解财会基本技能的作用，熟悉电子计算器的使用、人民币的鉴别常识，掌握会计书写规范、常用点钞方法。

实训设计

(1) 实训时间安排：共 9 学时。其中，会计书写 3 学时，点钞 3 学时，验钞 1 学时，电子计算器使用 2 学时。

(2) 实训材料：电子计算器、点钞视频录像、点钞券、腰条、点钞机。

实训内容

(1) 在下面的账格中书写标准的阿拉伯数字(参考 2.1.1)。

(2) 在下面的书写练习用纸中按标准书写汉字大写数字。

壹	贰	叁	肆	伍	陆	柒	捌	玖	拾	佰	仟	万	亿	元	角	分	零	整

(3) 练习大小写金额的书写。

① ¥0.06　　大写金额：

② ¥0.24　　大写金额：

③ ¥20.10　　大写金额：

④ ¥378.02　　大写金额：

⑤ ¥2 000.08　　大写金额：

⑥ ¥52 300.49　　大写金额：

⑦ ¥2 706 059.34　　大写金额：

⑧ ¥125 063 047.09　　　　　大写金额：

⑨ 人民币柒分　　　　　小写金额：

⑩ 人民币伍角整　　　　　小写金额：

⑪ 人民币伍拾元零捌角整　　　　　小写金额：

⑫ 人民币陆仟柒佰贰拾元玖角叁分　　　　　小写金额：

⑬ 人民币捌拾陆万零柒佰伍拾叁元贰角整　　　　　小写金额：

⑭ 人民币壹佰捌拾玖万肆仟柒佰伍拾元整　　　　　小写金额：

⑮ 人民币贰仟叁佰捌拾万肆仟贰佰伍拾元零伍角壹分　　小写金额：

⑯ 人民币叁亿贰仟零捌拾万零陆佰元整　　　　　小写金额：

(4) 用划线更正法将下列登记错误的数字更正为表格右方的数字。

亿	千	百	十	万	千	百	十	元	角	分	
				2	3	0	1	0	0	9	2 301.09
						6	8	1	2	3	6 812.30
					5	0	3	9	1	2	50 039.12
			1	0	0	0					1 000 000.00

(5) 练习开具现金支票。

相关信息：2010 年 12 月 5 日，红星啤酒股份有限公司出纳张平从公司基本账户开户行中国工商银行东丽支行(账号：168230028555)中提取备用金 10 000 元。中国工商银行现金支票如图 2.6 所示。

(6) 用手持式单指单张点钞法、手持式单指多张点钞法、手按式单张点钞法、手按式双张点钞法对钞券进行抽张、清点、捆扎训练。考核标准见表 2-5。

(7) 使用点钞机清点钞券并捆扎。

(8) 练习识别第五套人民币防伪特征。

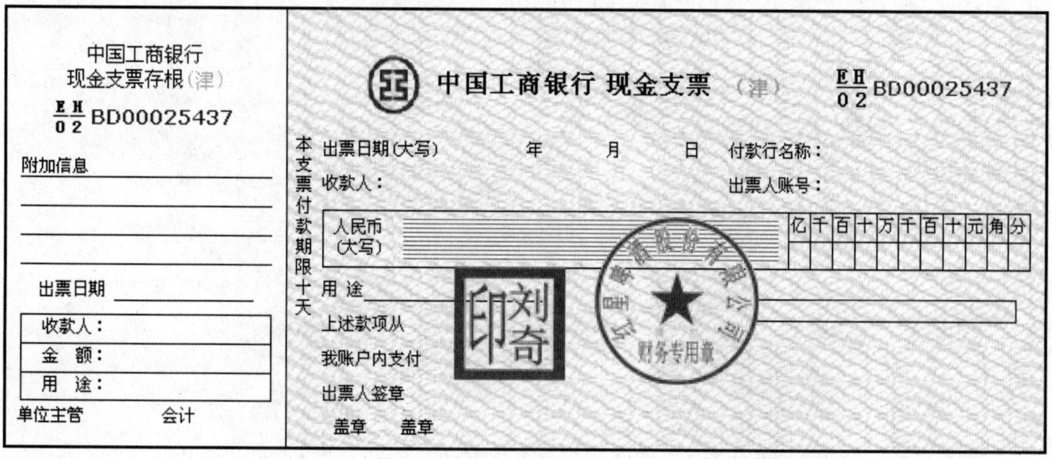
中国工商银行
现金支票存根（津）
$\frac{EH}{02}$ BD00025437
附加信息
出票日期
收款人：
金　额：
用　途：
单位主管　　会计

中国工商银行 现金支票（津）　$\frac{EH}{02}$ BD00025437
本支票付款期限十天
出票日期(大写)　　年　　月　　日　付款行名称：
收款人：　　出票人账号：
人民币(大写)　亿 千 百 十 万 千 百 十 元 角 分
用途
上述款项从
我账户内支付
出票人签章
盖章　盖章

图 2.6　中国工商银行现金支票

表 2-5 考核标准

考核方式	考核标准	成绩	备注
单把	30 秒以内	优	点钞方式：不限 考核内容：100 张抽张、清点 成绩计算：在正确率 100%的基础上计算成绩，每人 3 次点钞机会，取最好成绩
	30～40 秒	良	
	40～45 秒	中	
	45～50 秒	及格	
	50 秒以上	不及格	
多把	7 把	优	点钞方式：不限 考核内容：5 分钟计时清点、捆扎 成绩计算：在正确率 100%的基础上计算成绩，每人 3 次点钞机会，取最好成绩
	6 把	良	
	5 把	中	
	4 把	及格	
	4 把以下	不及格	

(9) 练习电子计算器指法。

① 竖排键练习：0、1、4、7；00、2、5、8；．、3、6、9 的练习。

② 横排键练习：1、2、3；4、5、6；7、8、9 的练习。

③ 交叉练习：1、5、9；3、5、7 的练习。

④ 混合练习：1、3、5、7、9；2、4、6、8、0 的练习。

(10) 用计算器计算下列各组练习题。

① 5 136＋234.28－3 468.20＝

② 30 046＋2 567＋3 660－5 220＋1 023＋56－2 500＋3 600.24＝

③ 3 475＋2 569－3 610.78＋25.38－452.6＋266.35＝

④ 276＋368＋514＋200－381＋2 765＋3 483－1 286＋3 516－578＋3 789＋251－600＋2 789＝

⑤ 100.34＋25.78－36.61＋5 002.61＋370.84－520.98＋220.76＋355.44＝

⑥ 15 789＋2 234.67－5 067.24＋5 481.11＋600.39－534.18＋52.36－789.54＋366.57－59.27＝

第3章 会计工作组织及实施

3.1 会计机构设置

会计机构指的是单位内部所设置的、专门办理会计事项的机构。会计机构和会计人员是单位会计工作的主要承担者。各单位应当根据会计业务的需要，设置会计机构，或者在有关机构中设置会计人员并指定会计主管人员；不具备条件设置的，应当委托从事会计代理记账业务的中介机构代理记账。

会计机构的具体设置应根据单位的规模大小、经营特征及管理组织形式等情况来决定。一个科学有效、高质量的会计机构的设置，通常应该遵循效益性原则、系统性原则、控制性原则、效率性原则、以人为本原则。大中型企业的会计组织机构规模大，会计分工也比较细(如图3.1所示)；小型企业的会计组织机构设置则比较精简(如图3.2所示)。

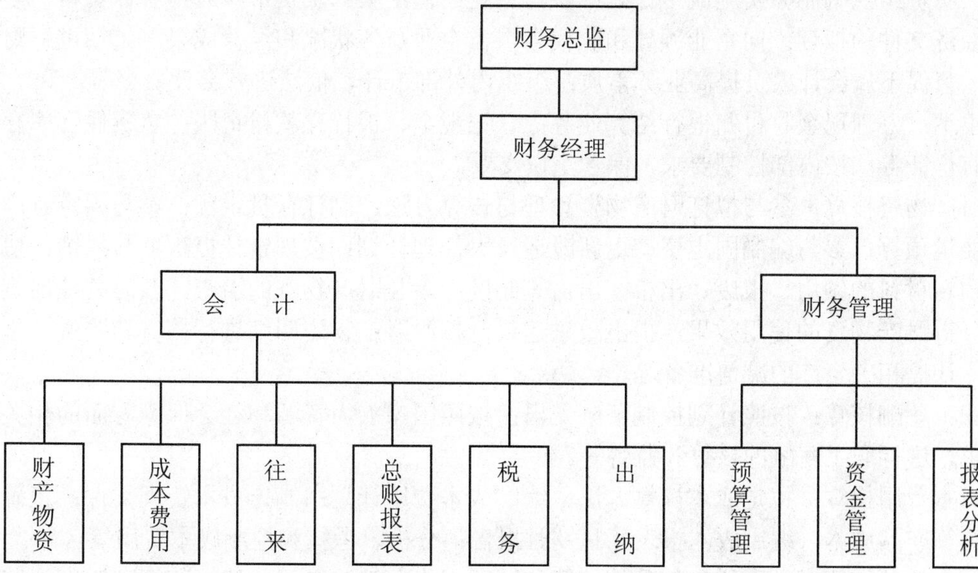

图3.1　××中型企业会计组织结构图

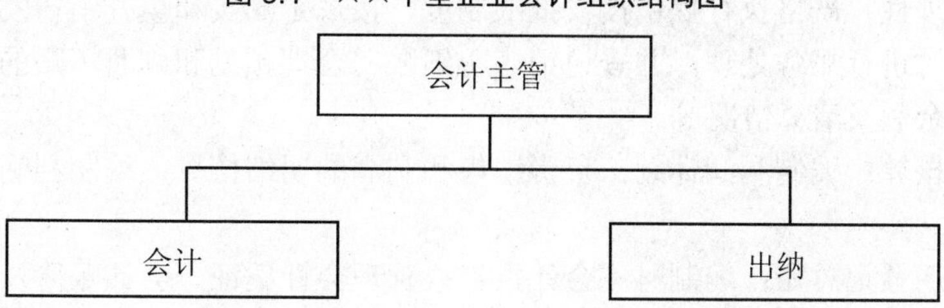

图3.2　××小型企业会计组织结构图

3.2 会计岗位设置

我国有关法规对会计岗位设置、会计岗位人员配备的原则有具体规定，规定会计工作岗位可以一人一岗、一人多岗或一岗多人。会计机构进行内部分工时，应体现内部稽核制度和内部牵制制度。内部稽核制度是内部控制的重要组成部分，稽核是稽查和复核的简称，内部稽核制度是指要指定专人对会计凭证、会计账簿和会计报表以及其他会计数据进行审核，包括事前审核和事后审核。建立会计机构内部的稽核制度，可以防止会计核算工作中的差错，也可以防止舞弊行为。内部牵制制度，也称钱账分管制度，是指凡是涉及款项和财物收付、结算及登记的任何一件工作，必须有两人或两人以上分工办理，以起到相互制约作用的一种制度。内部牵制制度是内部控制制度的一个重要组成部分，实行内部牵制制度可以使会计人员相互制约、相互监督、相互核对，以提高会计核算的品质。

会计岗位一般可分为会计负责人、出纳、财产物资核算、职工薪酬核算、成本费用核算、往来款项核算、财务成果核算、总账报表、税务会计等。各岗位的主要职责如下。

会计负责人：具体领导企业的财会工作；负责组织制定并督促执行本企业的财务管理制度，负责组织编制并实施成本计划；参与企业经营决策；负责审核对外会计资料，参与对外经济文件的拟订；向企业领导和职代会报告企业财务状况和经营成果；定期进行财务分析；督促下属会计人员提高业务素质；组织内外部审计，依法进行会计监督等。

出纳：办理现金收付和银行结算业务；登记现金、银行存款日记账；负责保管库存现金和有价证券；按内部控制要求，保管空白支票。

财产物资核算：参与拟订财产物资管理与核算方法；制订存货定额；参与固定资产资金需要量预算；参与编制固定资产更新改造及大修理计划；按规定计提折旧与摊销；协助建立周转材料的领用、报废、出租、出借等制度；参与财产物资的清查，及时处理清查结果；分析财产物资的使用效果，提出改进建议；按照财产物资明细进行核算和监督；报告期末，计提相关资产的减值准备等。

职工薪酬核算：按照计划控制薪酬支出；按照国家人力资源和社会保障方面的相关规定要求，进行职工薪酬的核算和监督等。

成本费用核算：拟定成本核算方法；编制成本费用计划；制定成本管理文件；正确计算和核算产品成本；编制成本报表并且及时报告；分析、考核和控制成本费用等。

往来款项核算：负责往来款项的核算和管理工作；建立必要的清算和管理制度，监督往来款项的合理性；严格执行赊销授权批准制度，按规定购买和填开销售发票；根据销售结算方式，及时进行账务处理，并登记销售明细账；合理预见和判断坏账的可能性，及时报告往来款项余额及清算情况等。

财务成果核算：编制利润计划；负责销售和利润的明细核算；编制利润表；进行利润分析等。

总账报表：登记总账；编制财务会计报告；管理会计凭证、会计账簿及财务会计报告等财务档案。

税务会计：按照税法规定申报及缴纳企业应当承担的各种税费并做出相应会计处理。

办理税务登记、年检等与税务有关的业务。

3.3 会计人员的素质

会计人员的素质将直接关系到会计法则的贯彻执行和单位会计管理工作的成效。会计人员的素质包括职业道德素质、业务素质两个方面，二者相辅相成，缺一不可。

3.3.1 会计人员的职业道德素质

会计职业道德是指在会计职业活动中应遵循的、体现会计职业特征的行为准则和规范。会计职业道德不仅是会计人员提高素质的内在要求，也是人们对会计职业行为的客观要求。根据我国会计工作、会计人员的实际情况，结合《公民道德建设实施纲要》和国际上会计职业道德的一般要求，我国会计职业道德主要包括 8 个方面的内容。

1. 爱岗敬业

爱岗是指会计人员热爱本职工作，安心本职岗位，并为做好本职工作尽心尽力、尽职尽责。敬业是指人们对其所从事的会计职业或行业的正确认识和恭敬态度，并用这种严肃恭敬的态度，认真地对待本职工作，将身心与本职工作融为一体。

2. 诚实守信

诚实守信是指会计人员要实事求是，严格按照会计准则、会计制度进行记账、算账和报账，做到手续完备、账目清楚、数字准确，不伪造账目，不弄虚作假，如实地反映企业经济业务的事项。同时，还要依法保守本单位的商业秘密，除法律规定和单位领导人同意外，不能私自向外界提供或者泄露本单位的会计信息。

3. 廉洁自律

廉洁自律是指会计人员必须树立正确的人生观和价值观，严格划分公私界限，做到不贪、不沾、不收礼、不同流合污，正确处理会计职业权利与职业义务的关系，增强抵制行业不正之风的能力。

4. 客观公正

客观是指会计人员开展会计工作时，要以客观事实为依据，真实地记录和反映实际经济业务事项，会计核算要准确，记录要可靠，凭证要合法。公正是指会计人员履行会计职能时，要做到公平公正、不偏不倚，维护会计主体和社会公众的利益。

5. 坚持准则

坚持准则是指会计人员在实际工作中，以企业会计准则作为自己的行动指南，在发生道德冲突时，应坚持准则，维护国家利益、社会公众利益和正常的经济秩序。

6. 提高技能

提高技能是指会计人员通过学习、培训和实践等途径，不断提高会计理论水平、会计实务能力以及职业判断能力、自动更新知识的能力、提供会计信息能力、沟通交流能力以及职业经验，运用所掌握的知识、技能和经验开展会计工作，履行会计职责，以适应深化会计改革和会计国际化的需要。

7. 参与管理

参与管理是指会计人员不能消极被动地局限于记账、算账和报账，要树立参与管理的意识，经常主动地向领导反映经营管理活动中的情况和存在的问题，主动提出合理化建议，协助领导决策，参与经营管理活动，做好领导的参谋。

8. 强化服务

强化服务是指会计人员应具有文明的服务态度、强烈的服务意识和优良的服务质量。会计人员必须端正服务态度，做到讲文明、讲礼貌、讲信誉、讲诚实，坚持准则，提高会计行业的声誉和全行业的运作效率。强化服务的关键是提高服务质量，要求会计人员真实、客观地记账、算账和报账。

3.3.2 会计人员的业务素质

会计机构是各单位办理会计事务的职能部门，会计人员必须具备一定的业务素质，才能保证会计工作的质量和水平。会计人员的业务素质包括以下几个方面。

1. 专业技能

会计工作的专业技术性很强，会计人员必须经过系统的学习或培训，掌握了会计专业技能才能从事会计工作。《会计法》明确规定，会计人员必须取得会计从业资格证书，才能从事会计工作。持有会计从业资格证书是从事会计工作必须具备的最低要求和前提条件。

会计人员凭会计从业资格证书上岗，这是对会计人员的最基本的要求。为更好地体现会计从业人员的业务水平，区分会计人员的业务技术等级，选拔优秀会计人才，将竞争机制引入会计人员聘用中，我国目前通过设置专业技术人员的专业技术职务和会计职称考试确认会计人员的专业技术职务和业务技能。根据《会计专业职务试行条例》的规定，会计专业职务分为高级会计师、会计师、助理会计师和会计员。高级会计师为高级职务，会计师为中级职务，助理会计师和会计员为初级职务。

2. 综合能力

现代社会对会计人员提出了更高的要求，除了具备一定的专业技能，合格的会计人员还必须了解和掌握一定的经济管理知识，具备办公自动化能力、学习运用能力、业务创新能力、沟通表达能力等综合能力。

3.4 企业财务管理制度设计

企业财务管理制度是指企业管理部门根据国家和政府有关法规的规定、企业自身经营管理的特点和要求制定的，用来规范和优化企业内部财务行为、处理内部财务关系的具体规则，是整个财务制度体系中操作性、基础性的财务制度。

3.4.1 企业财务管理制度设计的基本原则

1. 合法性原则

合法性原则是指财务管理制度设计必须符合国家法律、法规和政策的规定，并将其要求具体落实到财务管理制度中。

2. 全面性原则

全面性原则是指财务管理制度设计应覆盖企业生产经营的全过程，规范企业的各项财务活动。

3. 适用性原则

适用性原则是指财务管理制度设计必须适应企业本身的生产经营特点和管理要求,使其具有本单位的特点，体现本单位经营管理的实际需要，切忌照搬照抄。

4. 有效性原则

有效性原则是指财务管理制度的内容、制度实施、制度实施后的结果应具备有效性。

5. 效益性原则

效益性原则是指财务在设计管理制度时，在满足财务管理要求的前提条件下，要考虑设计成本、运行成本与效益的关系，实现制度科学化、效益最大化。

6. 稳定性原则

稳定性是指财务管理制度一经制定，应该保持相对的稳定性，以便于执行，避免造成财务管理方面的混乱。

3.4.2 企业财务管理制度设计的程序

财务管理制度设计的程序，一般可以分为准备、设计、试运行、修正、审定、执行中完善修订 6 个阶段。

1. 准备阶段

准备阶段的主要任务是成立设计小组、提出设计要求、开展调查分析、广泛征询意见。财务管理制度设计是一项艰巨而繁重的工作，应配备一定数量的设计人员，成立设计小组，指定负责人。设计小组根据单位的经营管理需要，提出相应的设计要求，具体包括财务管理制度设计的内容、时间安排、设计人员分工等。确定了设计要求后，设计人员要对单位生产经营的具体情况、单位经营管理特点、财务管理现状等方面进行调查分析，广泛征询意见，确定设计的整体思路和工作重点。

2. 设计阶段

设计阶段的主要任务是拟定设计大纲、设计编写和讨论修改。设计小组根据财务管理制度设计的思路，在调查研究和征询意见的基础上，拟定设计大纲。然后，根据设计大纲分别进行具体设计，撰写财务管理制度初稿。设计小组内部对初稿进行反复讨论修改，由设计小组负责人审定，形成财务管理制度草案。

3. 试运行阶段

财务管理制度草案形成后，必须先在单位进行试运行。在试运行阶段，设计者应深入了解草案的执行效果，发现问题，广泛听取各部门的意见，进行检查验证。

4. 修正阶段

经过试运行后，将试运行情况进行讨论总结，对各方面意见进行筛选、分析，吸收有益建议，对财务管理制度草案进行修正。

5. 审定阶段

修正后的财务管理制度草案应报送总会计师、总经济师、单位负责人、主管部门进行审查。设计人员根据各方面的意见再进行修改、补充，最后，作为财务管理制度定稿，贯彻实施，并报主管部门备案。

6. 执行中完善修订阶段

财务管理制度实施后，应定期检查其执行情况和效果，根据实施中存在的问题和企业实际情况的变化，逐步完善和修订财务管理制度。

3.4.3 企业财务管理制度设计的表现方法

财务管理制度设计的表现方法是对制度具体内容进行阐述的形式。通常用到的形式归纳起来有 3 种：文件说明法、表格法、图示法。

1. 文件说明法

文件说明法是使用文字说明阐述财务管理制度所要确定的内容，并以企业文件的形式下发，要求企业员工必须执行，如现金管理制度、存货管理制度、固定资产管理制度、工资管理制度等。这种方法企业使用得最为普遍，其主要特点是通俗易懂、具有一定的系统性和规范性，如《××集团差旅费用报销办法》(见案例 3-1)。

案例 3-1

××集团差旅费用报销办法

为了规范企业差旅费的报销，合理使用差旅费用，特制定本制度。

第一条 凡是出差人员，必须填写《出差审批单》，履行审批程序。各部门人员出差，由各部门负责人审批。

第二条 出差人员持审批后的《出差审批单》到财务部门填写《借款申请单》，经审批后借支差旅费。

第三条 差旅费报销标准根据出差人员的职位和出差地点而定，具体如下。

总裁级别的人员：特区出差，交通伙食补助每天150元，住宿费用500元；省外地区，交通伙食补助每天100元，住宿费用450元；省内地区，交通伙食补助每天80元，住宿费用400元。

处级经理：特区出差，交通伙食补助每天100元，住宿费用400元；省外地区，交通伙食补助每天80元，住宿费用350元；省内地区，交通伙食补助每天60元，住宿费用300元。

科级经理：特区出差，交通伙食补助每天80元，住宿费用300元；省外地区，交通伙食补助每天60元，住宿费用250元；省内地区，交通伙食补助每天40元，住宿费用200元。

其他人员：特区出差，交通伙食补助每天60元，住宿费用250元；省外地区，交通伙食补助每天50元，住宿费用200元；省内地区，交通伙食补助每天40元，住宿费用180元。

第四条 出差原则上以乘火车硬卧为主，处级以上人员公出乘火车24小时不能到达的，或者遇到紧急公出任务的，经过常务执行总裁审批可乘飞机，软卧，轮船一等、二等舱，其他人员未经过特批，只可坐普通舱。

第五条 差旅费报销超标准的部分由个人承担。

第六条 如因特殊情况，实际出差天数超过原定计划天数，需要按出差审批程序办理延续手续，否则超过天数的费用不予报销。

第七条 出差人员不允许借公出办私事，绕道乘车。

第八条 出差人员返回本单位后，限三日内持票据到财务报销，逾期一周未报销，又未说明原因的，在当月工资中扣回借款。

本制度的解释权由财务部门负责。

2. 表格法

表格法一般用于财务管理制度中自制原始凭证的规范和内部会计报表等的设计。这种方法的特点是直观简洁。

表格法根据其需要反映的内容来进行相应的设计。例如，自制原始凭证的设计既要考虑业务的内容、内部控制流程、相关部门的协调等因素，还要考虑其外观格式、票据尺寸的大小、凭证装订的美观、便于长期保存等。以某单位设计的商品验收及入库单为例(见表3-1)。

表 3-1

商品验收及入库单

供货单位：　　　　　　　　　　　　年　　月　　日　　　　　　　　　　NO．31124288

名　称	规格型号	进　　价				检　　验	
		单位	数量	单价	金额	合格	不合格
合　　计							

仓库负责人：　　　　　　　　　　　检验人：　　　　　　　　　　　收货人：

3. 图示法

图示法是采用各种图来说明财务管理的内容或流程，比文字说明法直观，一目了然，可以提高管理效率，如采购材料验收入库的流程图、销售发出商品流程图、工资业务会计处理流程图、固定资产报废流程图等。

3.4.4 企业财务管理制度设计的内容

企业财务管理的内容非常广泛，具体包括资金及票据管理、非货币性资产管理、预算管理、成本管理、投资及筹资管理、税务管理、会计核算、收益分配、财务控制与稽核审计等。企业可以根据本企业的特点和管理要求进行财务管理制度内容的设计。规模较大、管理要求较高的企业，其财务管理制度比较系统全面，一般涉及财务管理的各个方面；小型企业的财务管理制度则相对简单，只对一些财务控制(如报销制度、资金管理等)作出规定。案例 3-2 为一家小型企业的财务管理制度。

案例 3-2

××企业财务管理制度

第一章　总则

第一条　为加强公司的财务工作，发挥财务管理在公司经营管理中的作用，特制定本规定。

第二条　公司财务部门的职能包括以下几方面。

(一) 认真贯彻执行国家经济法规及制度，执行公司统一的财务制度。

(二) 建立健全公司财务管理制度，编制财务计划，加强经营核算管理，反映、分析财务计划执行情况，检查监督财务纪律的执行情况。

(三) 积极为经营管理服务，通过财务监督发现问题，提出改进意见，使公司取得较好的经济效益。

(四) 厉行节约，合理使用资金。

(五) 积极主动与财政、税务、银行等有关部门沟通，及时掌握相关法律法规的变化，有效规范财务工作，及时提供财务报表和有关资料。

(六) 完成公司交给的其他工作。

第三条　公司财务部由财务经理、会计、出纳、审计组成。

第四条　公司各部门和职员办理财会事务必须遵守本规定。

第二章　财务部岗位职责

第五条　财务经理的主要工作职责包括以下几方面。

(一) 编制和执行预算、财务收支计划、信贷计划，拟订资金筹措和使用方案，有效使用资金。

(二) 进行成本费用预测、计划、控制、核算、分析和考核，督促本公司有关部门降低消耗、节约费用、提高经济效益。

(三) 建立健全会计核算制度，利用会计数据进行经济活动分析，及时向总经理提出合理化建议。

(四) 组织领导财务部门的工作，分配和监督其他人员的工作任务，制定考核奖惩指标。

(五) 负责建立和完善公司财务核算体系、生产管理控制流程和成本归集分配制度。

(六) 完成公司领导交办的其他工作。

第六条　会计的主要工作职责包括以下几个方面。

(一) 按照国家会计准则的规定进行会计核算，手续完备，数字准确，账目清楚。

(二) 按照经济核算原则，定期检查、分析公司财务、成本和利润的执行情况。

(三) 妥善保管会计档案和会计数据。

(四) 完成总经理或财务经理交付的其他工作。

第七条　出纳的主要工作职责包括以下几个方面。

(一) 认真执行现金管理制度。

(二) 严格执行库存现金限额，超过部分必须及时送存银行，不坐支，不白条抵库。

(三) 严格审核现金收付凭证。

(四) 严格执行支票管理制度。

(五) 积极配合银行做好对账工作。

(六) 配合会计进行账务处理工作。

(七) 完成总经理或财务经理交付的其他工作。

第八条　审计的主要工作职责包括以下几个方面。

(一) 认真贯彻执行有关审计管理制度。

(二) 监督公司与财务收支有关的各项经济活动。

(三) 详细核对公司各项与财务有关的数字、金额、期限、手续等是否准确无误。

(四) 审阅公司的合同和其他有关经济资料，以便掌握情况、发现问题、积累证据。

(五) 纠正财务工作中的差错弊端，规范公司的经济行为。

(六) 完成总经理或财务经理交付的其他工作。

第三章 财务工作管理

第九条 会计年度自 1 月 1 日起至 12 月 31 日止。

第十条 会计凭证、会计账簿、会计报表和其他会计数据必须真实、准确、完整，符合会计法规的规定。

第十一条 财务人员办理会计事项必须填制或取得原始凭证，并根据审核后的原始凭证编制记账凭证。会计、出纳员记账，都必须在记账凭证上签字。

第十二条 财务部门应定期或不定期组织财产清查，保证账实相符。

第十三条 财务人员应及时编制会计报表，上报总经理，并报送有关部门。会计报表须经财务经理、总经理签名或盖章。

第十四条 财务人员对本公司的各项经济活动进行会计监督。对不真实、不合法的原始凭证不予受理；对记载不准确、不完整的原始凭证，予以退回，要求更正、补充。

第十五条 财务人员发现账簿记录与实物、款项不符时，应及时向相关领导报告，查明原因，进行处理，不得自行处理。

第十六条 财务工作应当建立内部稽核制度，并做好内部审计工作。

第十七条 财务审计每季一次。审计人员根据审计事项实行审计，并做出审计报告，报送总经理。

第十八条 财务人员调动工作或者离职，必须与接管人员办清交接手续。应按规定办理交接手续。

第四章 支票管理

第十九条 支票由出纳员保管。支票使用时须填写《支票领用单》，经财务经理、总经理批准签字，然后将支票按批准金额封头，加盖印章，填写日期、用途，登记号码等，领用人在支票领用簿上签字备查。

第二十条 支票借款应在签发支票之日起 5 个工作日内清算，如果超期，财务人员月底清账时凭《支票借款单》转应收个人款，发工资时从工资内扣还，当月工资扣还不足，逐月延扣以后的工资，领用人清算报账后再作补发工资处理。

第二十一条 凡 100 000 元以上的款项进入银行账户，出纳人员应于两日内书面报告财务经理。

第二十二条 公司财务人员支付每一笔款项，不论金额大小均须财务经理及总经理签字。总经理外出应由财务人员设法通知，经总经理授权可委托其他负责人代签，同意后可先付款后补签。

第五章　现金管理

第二十三条　公司可以在下列范围内使用现金。

(一) 职员工资、津贴、奖金。

(二) 个人劳务报酬。

(三) 出差人员必须携带的差旅费。

(四) 结算起点以下的零星支出。

(五) 总经理批准的其他开支。

第二十四　除本规定第二十三条的情况外，财务人员支付款项，超过现金使用限额的部分，应当以银行存款转账支付。

第二十五条　公司固定资产、原料辅料、车辆保管维修、代办运输费用、办公用品、劳保、福利及其他工作用品必须采取转账结算方式，不得使用现金。

第二十六条　日常零星开支所需库存现金限额为5 000元。超额部分应及时缴存银行。

第二十七条　财务人员支付现金，可以从公司库存现金限额中支付或从银行存款中提取，不得坐支。

第二十八条　财务人员从银行提取现金，应当填写《现金提取单》，并写明用途和金额，由财务经理批准后提取。

第二十九条　公司职员因工作需要借用现金，需填写《借款单》，经会计审核；交财务经理、总经理批准签字后方可借用，并按借款审批程序第二条执行。超过还款期限即转其他应收款，在当月工资中扣还。

第三十条　符合本规定第二十三条的，凭发票、工资单、差旅费单及公司认可的有效报销或领款凭证，经经手人签字、会计审核、财务经理和总经理批准后由出纳支付现金

第三十一条　差旅费及各种补助由出差人员所在部门经理审批签字，会计审核无误并报财务经理审批后，送总经理签字，出纳依据审批签字后的原始凭证付款，办理会计核算。

第三十二条　无论何种汇款，财务人员必须审核《汇款申请单》，分别由经手人、部门经理、财务经理、总经理签字后办理汇款手续。

第三十三条　出纳人员应当建立健全现金、银行存款账目，逐笔记载现金、银行款项支付，日清月结，账款相符。

第六章　会计档案管理

第三十四条　凡是本公司的会计凭证、会计账簿、会计报表、会计文件及其他有保存价值的数据，均应归档保管。

第三十五条　会计凭证应按月、按编号顺序每月装订成册，标明月份、季度、年起止、号数、单据张数，由会计及有关人员签名盖章(包括制单、审核、记账、主管)，由财务经理指定专人归档保存。

第三十六条　会计报表应分月、季、年报，按时归档，由财务经理指定专人保管，并分类填制目录。

第三十七条　会计档案不得私自携带外出，查阅、复制、摘录会计档案，须经财务经理批准。

第七章　处罚办法

第三十八条　出现下列情况之一的，对财务人员予以警告并扣发本人 1～3 倍月薪。

(一) 超出规定范围、限额使用现金或超出核定的库存现金限额留存现金。

(二) 用不符合财务会计制度规定的凭证代替银行存款或库存现金。

(三) 未经批准，擅自支付款项。

(四) 未经批准坐支现金。

(五) 保留账外款项或公款私存。

第三十九条　出现下列情况之一的，财务人员应予解聘。

(一) 违反财务制度，造成财务工作严重混乱。

(二) 拒绝提供或提供虚假的会计凭证、账表、文件数据。

(三) 伪造、变造、谎报、毁灭、隐匿会计凭证、会计账簿。

(四) 利用职务便利，非法占有或虚报冒领、骗取公司财物。

(五) 弄虚作假，营私舞弊，非法谋私，泄露秘密及贪污挪用公司款项。

(六) 在工作范围内发生严重失误或者由于玩忽职守致使公司利益遭受损失。

(七) 有其他渎职行为和严重错误，应当予以辞退。

第四十条　本规定由公司财务部负责解释。

第四十一条　本规定自发布之日起生效试行。

3.5　会计核算基本操作流程

会计核算基本操作流程依次为期初建账、会计凭证(原始凭证和记账凭证)的填制与审核、登记账簿、对账、结账、编制会计报表(详见第 4 章)等内容。《会计法》、《会计基础工作规范》等法律、行政法规，对会计核算的基本操作流程进行了规范和要求。

3.5.1　期初建账

建立账簿是企业进行会计核算的前提。企业开业初始建账或者结束旧账开设新账，这个过程就是期初建账。企业账簿一般包括序时账簿(日记账)、分类账簿(总账、明细账)、备查账簿。

开业初始建账是指企业设立之初，为如实记录和反映单位的经济活动，需要根据单位实际情况，按照相应的会计规章制度建立账簿。这是单位进行会计核算的前提和基础。开业初始建账首先要具体分析企业的规模和业务，进行企业财务部岗位设置及人员配备。其次，确定企业采用的会计核算形式，设置账簿的种类、格式和数量。然后，根据需要购买账簿，设置相应的会计账户。

开设新账是指企业在每个会计期初，将上期期末各账户的期末余额过入本期各账簿中作为期初余额。同时，在新账中开设期末无余额的账户或未开设的账户(如损益类或余额为平的账户)。总账、日记账、明细账一般每年更换一次，但有些财产物资和债权债务明细账、备查账可以跨年度使用。各种备查账也可以连续使用。

1. 账簿的开启

企业开启新的账簿时，应在账簿封面上写明“单位名称”、“账簿所属年度”、“账簿名称”、“本账册数”等内容。在账簿扉页上应附《账簿启用表》，将账簿使用的基本情况填入表中，并粘贴印花税税票。《账簿启用表》如图 3.3 所示。

启用订本式账簿，应从第 1 页到最后一页按顺序编定页数，不得跳页、缺号。使用活页式账页，应按账户顺序编列分页号：一个账户编一个号。如果一个账户记载两页以上账页时，可在“分页号”后加编附号。例如，某账户的分页号(5 号)有 3 页账页时，分页号即分别编为 5-1、5-2 和 5-3。年终装订成册后再按实际使用的账页顺序编定页数，另加账户目录。

<table>
<caption>账簿启用表</caption>
<tr><td>单位名称</td><td colspan="5"></td></tr>
<tr><td>账簿名称</td><td colspan="5"></td></tr>
<tr><td>账簿页数</td><td colspan="5">自第　　页起至第　　页止共　　页</td></tr>
<tr><td>启用日期</td><td colspan="5">年　　月　　日</td></tr>
<tr><td>单位领导人签章</td><td colspan="2"></td><td colspan="2">会计主管人员签章</td><td></td></tr>
<tr><td>经管人员职务</td><td>姓名</td><td>经管或接管日期</td><td>签章</td><td>移交日期</td><td>签章</td></tr>
<tr><td></td><td></td><td>年　月　日</td><td></td><td>年　月　日</td><td></td></tr>
<tr><td></td><td></td><td>年　月　日</td><td></td><td>年　月　日</td><td></td></tr>
<tr><td></td><td></td><td>年　月　日</td><td></td><td>年　月　日</td><td></td></tr>
<tr><td></td><td></td><td>年　月　日</td><td></td><td>年　月　日</td><td></td></tr>
<tr><td></td><td></td><td>年　月　日</td><td></td><td>年　月　日</td><td></td></tr>
</table>

图 3.3　账簿启用表

2. 建立总账

总账的格式包括三栏式总账和多栏式总账，一般采用订本式账簿。三栏式总账的账页按借方、贷方、余额三栏设置。大多数企业采用此种总账格式。多栏式总账亦称全部账户式总分类账，设月初余额、本期发生额和月末余额等栏，每一会计科目集中记载一行，按旬汇总，按月平衡。多栏式总账适用于使用会计科目较少的单位。

建立总账时应填写总账目录或者粘贴口曲纸，总账目录页上的会计科目的填写顺序一般以企业会计准则设定的会计科目顺序为依据，并结合企业实际业务特点设定，这样有利于报表的编制。填写总账目录或粘贴口曲纸是为了方便记账工作。

建立总账时，如果总账账户有期初余额，登记时应注意不同性质账户期初余额的借贷方向。例如，库存现金总账账户 2009 年年末余额为借方 6 400.70 元，则库存现金总账账户 2010 年期初余额登记方法如下。

在表头“科目”栏填写“库存现金”；在“年度”栏填写“2010 年”；在月、日栏填写“1 月 1 日”；在“摘要”栏填写“期初余额”；在“借或贷”栏填写“借”；在“余额”栏填写“6 400.70”。库存现金总账格式如图 3.4 所示。

3. 建立日记账

日记账包含现金日记账与银行存款日记账等，所有经济单位都应设置现金、银行存款日记账，用以序时核算库存现金和银行存款的收入、付出和结存情况，借以加强对货币资金的管理。

现金日记账由出纳人员登记，它是根据审核无误的现金收、付款凭证或银行存款付款凭证，按照经济业务发生的顺序，逐日逐笔进行登记的账簿。每日终了应结出库存现金余额。库存现金日记账采用订本式的三栏式账页，基本结构为“借方”、“贷方”和“余额”三栏，其格式如图3.5所示。

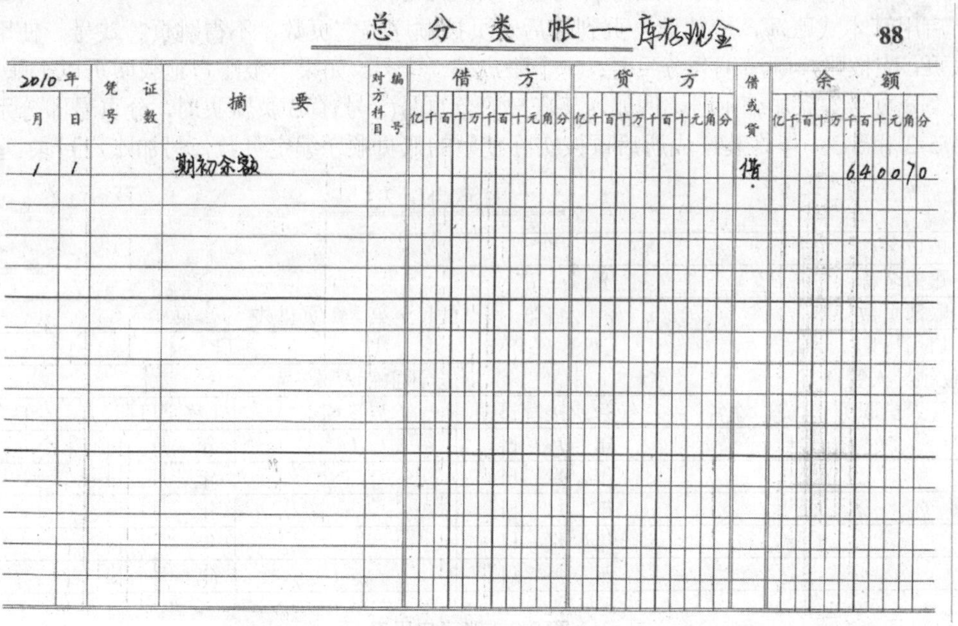
总分类帐——库存现金 88

2010年 月 日 | 凭证 号数 | 摘要 | 对方科目编号 | 借方 亿千百十万千百十元角分 | 贷方 亿千百十万千百十元角分 | 借或贷 | 余额 亿千百十万千百十元角分

1 1 期初余数 借 640070

图3.4 库存现金总分类账

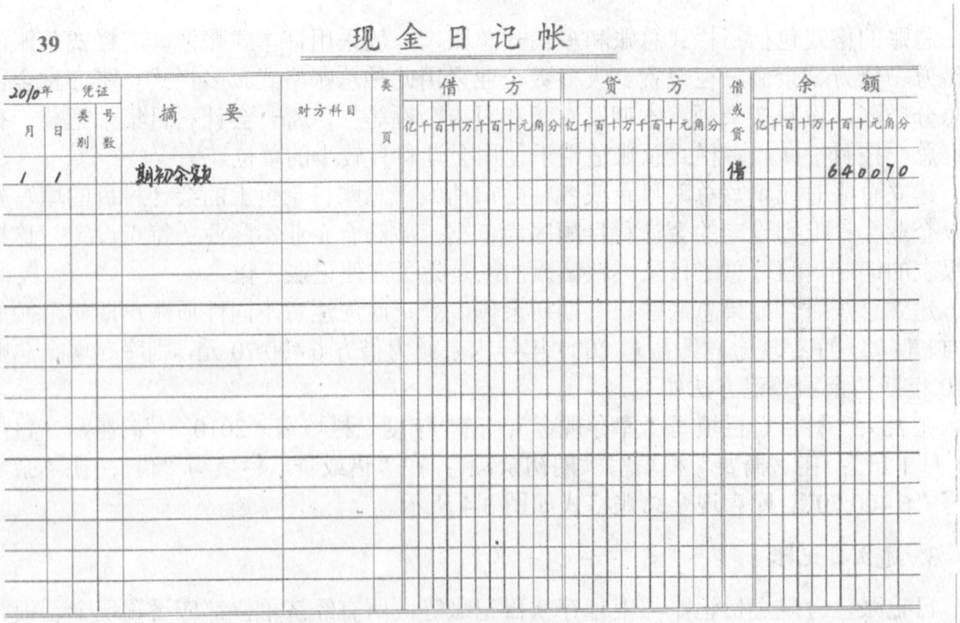
39 现金日记帐

2010年 月 日 | 凭证 类别 号数 | 摘要 | 对方科目 | 类页 | 借方 亿千百十万千百十元角分 | 贷方 亿千百十万千百十元角分 | 借或贷 | 余额 亿千百十万千百十元角分

1 1 期初余数 借 640070

图3.5 现金日记账

银行存款日记账的账簿设置和基本结构与库存现金日记账一样，也由出纳人员登记。它是根据审核无误的银行存款收、付款凭证或库存现金付款凭证，按照经济业务发生的顺序，逐日逐笔进行登记的账簿。每日终了应结出银行存款余额，月份终了，应根据企业账面结余数与银行编制的《银行存款余额调节表》进行核对。

例如，“银行存款—工行东丽支行”账户 2009 年年末余额为借方 3 654 260.65 元，则“银行存款—工行东丽支行”日记账 2010 年期初余额登记方法如下。

在表头“户名”栏填写“工行东丽支行”；在“年度”栏填写“2010 年”；在月、日栏填写“1 月 1 日”；在“摘要”栏填写“期初余额”；在“借或贷”栏填写“借”；在“余额”栏填写“3 654 260.65”。银行存款日记账格式如图 3.6 所示。

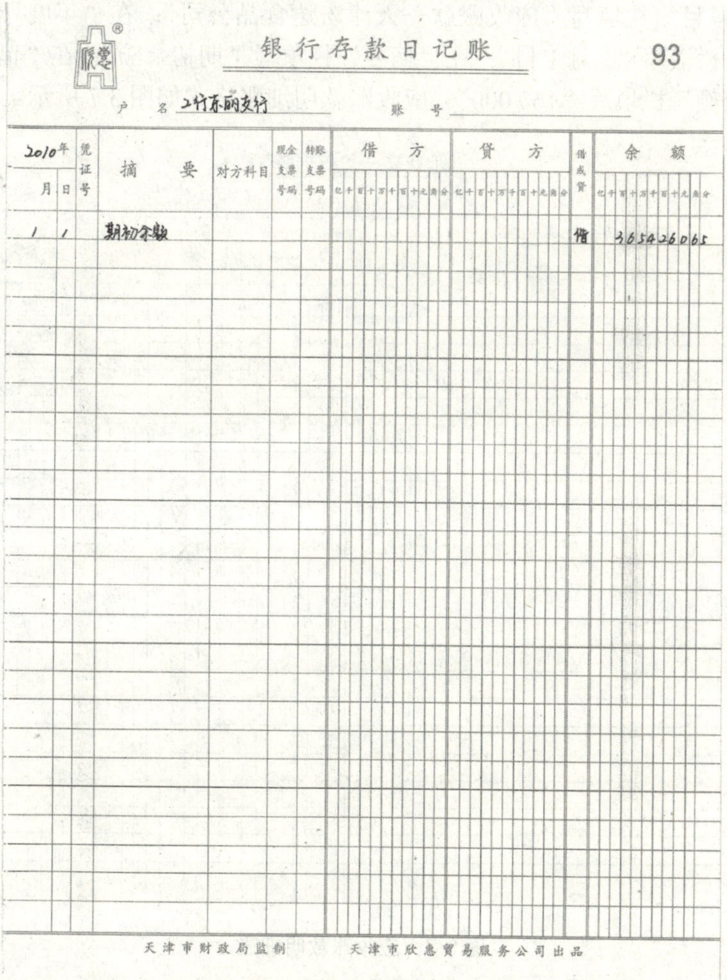
银行存款日记账 93

户名 工行东丽支行 账号

2010年 月	日	凭证号	摘要	对方科目	现金支票号码	转账支票号码	借方	贷方	借或贷	余额
1	1		期初余额						借	365426065

天津市财政局监制 天津市欣惠贸易服务公司出品

图 3.6 “银行存款”日记账

4. 建立明细账

各单位在设置总分类账的基础上，还应按照企业管理的要求，设置若干必要的明细分类账，以进一步了解该总账账户的详细情况。建立明细账时应填写明细账扉页与粘贴口曲纸，明细账扉页填写与口曲纸粘贴的目的和方法与总账基本相同。需要注意的是，“口曲纸”一般按账户的类别进行粘贴，贴多了反而不方便翻阅。明细分类账的格式不固定，一般采用活页式账簿，可以是三栏式、数量金额式和多栏式等。

1) 三栏式明细账

三栏式明细账的格式与总账相同，适用于只需要反映金额结算的账户，如“应收账款”、“应付账款”、“预收账款”等不需要进行数量核算的债权和债务等账户，它是最常见的明细账。三栏式明细账的期初余额的登记方法与总账相同。

例如，“应收账款—天津宏达食品公司”账户 2009 年年末余额为借方 160 000 元，则“应收账款—天津宏达食品公司”明细账 2010 年期初余额登记方法如下。

在表头“科目”栏填写“应收账款—天津宏达食品公司”；在“年度”栏填写“2010 年”；在月、日栏填写“1 月 1 日”；在“摘要”栏填写“期初余额”；在“借或贷”栏填写“借”；在“余额”栏填写“160 000”。应收账款明细账格式如图 3.7 所示。

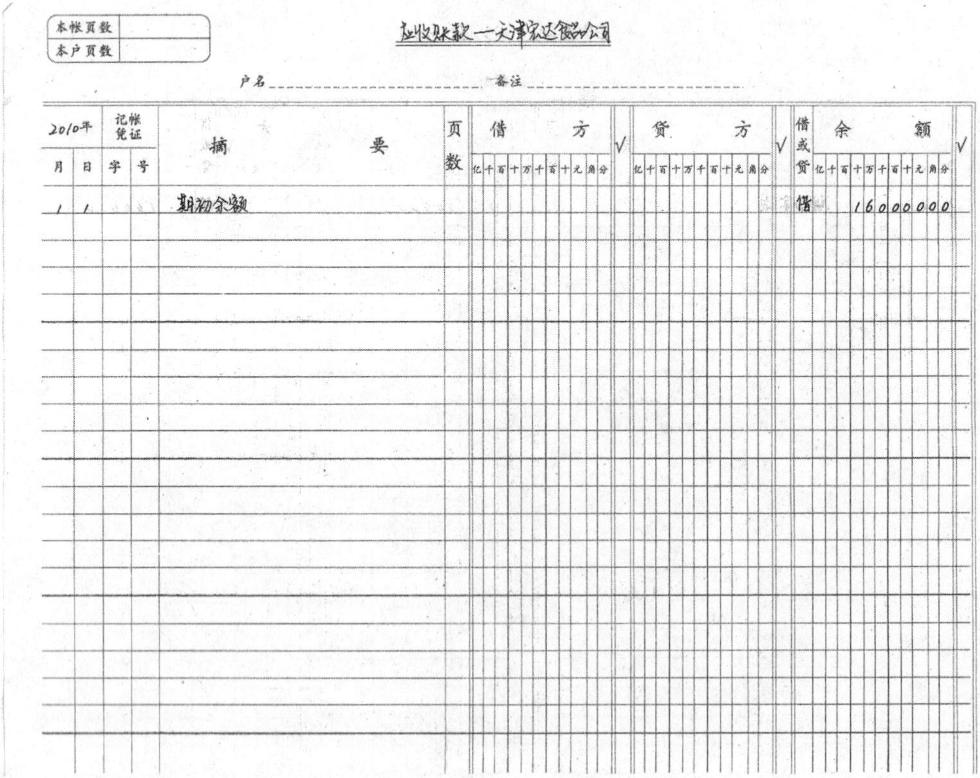

图 3.7 应收账款明细账

2) 数量金额式明细账

数量金额式明细账适用于既进行金额核算，又要进行实物数量核算的各种财产物资明细账户，如“原材料”、“自制半成品”、“库存商品”、“工程物资”等存货账户。数量金额式明细账分别设有“收入”、“发出”和“结存”三栏，每栏分设数量、单价和金额。

例如，“原材料—原料及主要材料—大麦芽”明细账账户 2009 年年末余额：数量 350

吨，金额 1 376 000 元。则其 2010 年数量金额式明细账期初余额的登记方法如下。

在表头的双横线上填写“原材料—原料及主要材料—大麦芽”；在“品名”栏填写“大麦芽”；在“计数单位”栏填写“吨”；在“年度”栏填写“2010 年”；在月、日栏填写“1 月 1 日”；在“摘要”栏填写“期初余额”；在“结存”栏下的“数量”栏填写“350”；“金额”栏填写“1 367 000”。数量金额式明细账格式如图 3.8 所示。

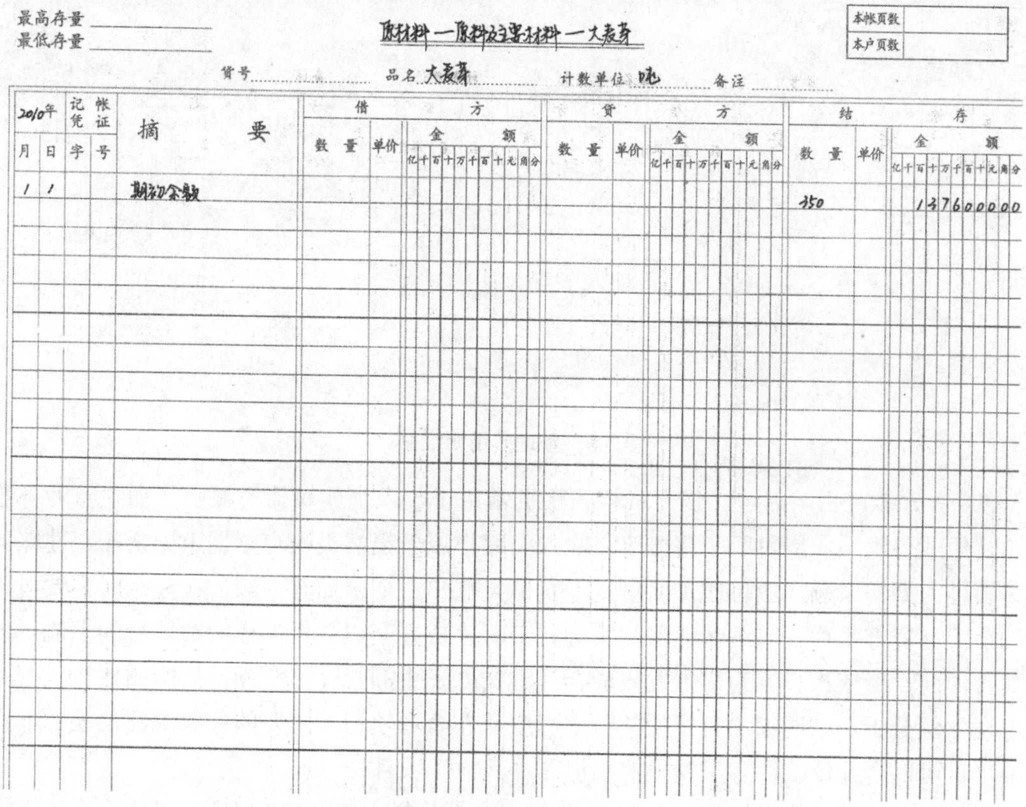

图 3.8 数量金额式明细账

3) 多栏式明细账

多栏式明细账是根据企业经济业务的特点和经营管理的需要，在一张账页内按有关明细科目或明细项目分设若干专栏，用以在同一张账页上集中反映各有关明细科目和明细项目的核算资料。按明细账登记的经济业务不同，多栏式明细账账页又分为借方多栏、贷方多栏和借贷多栏等格式。

(1) 借方多栏式明细账。借方多栏式账页常用于费用类账户，如管理费用、销售费用、财务费用。管理费用等期间费用属于损益类账户，期末无余额，因此建账时不需要过入期初余额。借方多栏式明细账建账的关键在于对“借方金额分析”栏明细项目的填制，一般而言，前三栏依次设置为借方发生额合计、贷方发生额合计、余额，后面的栏目设置为借方发生额分析，按明细项目发生的频繁程度从左至右填写，主要的项目单独反映，非主要的项目可以合并反映，零星发生的可记入“其他”项目栏。借方多栏式明细账具体格式如图 3.9 所示。

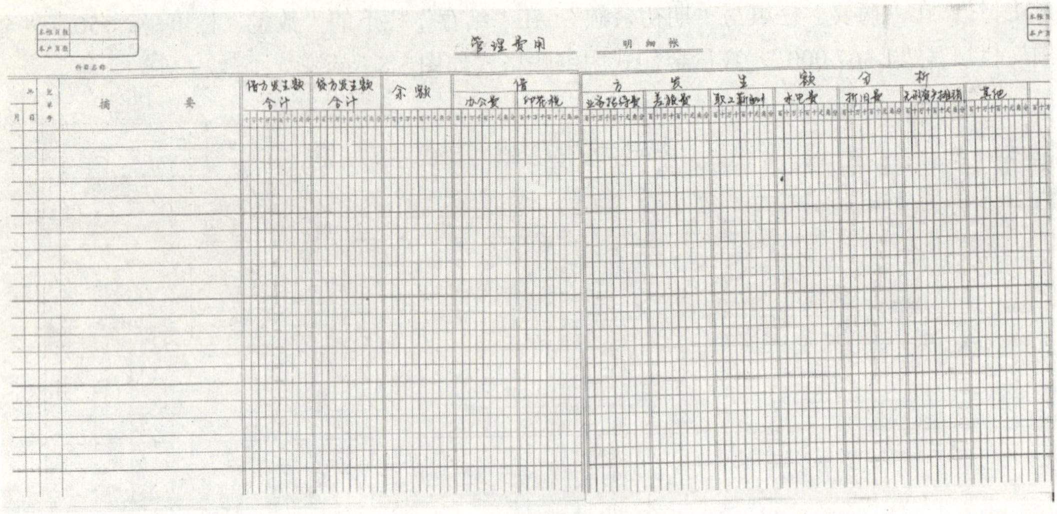

图 3.9 管理费用明细账

(2) 贷方多栏式明细账。贷方多栏式账页常用于收入类或负债类账户，如主营业务收入、其他业务收入、应付职工薪酬等。收入类账户属于损益类账户，期末无余额，建账时不需要过入期初余额。应付职工薪酬属于负债类账户，期末如有余额，在建账时需要过入期初余额。贷方多栏式明细账建账的关键在于对“贷方金额分析”栏明细项目的填制。一般而言，前三栏依次设置为借方发生额合计、贷方发生额合计、余额，后面的栏目设置为贷方发生额分析，按明细项目发生的频繁程度从左至右填写，主要的项目单独反映，非主要的项目可以合并反映，零星发生的可记入“其他”项目栏。

例如，应付职工薪酬总账账户 2009 年年末余额为贷方 500 397.64 元。其中，职工工资奖金及补贴，贷方 305 197.64 元；养老保险，贷方 80 600 元；医疗保险，贷方 40 300 元；失业保险，贷方 8 060 元；生育保险，贷方 3 224 元；工伤保险，贷方 806 元；住房公积金，贷方 40 300 元；工会经费，贷方 9 840 元；职工教育经费，贷方 12 070 元。如果选用多栏式账页来进行明细账的登记，可以设置贷方多栏式明细账。2010 年贷方多栏式明细账期初余额的登记方法如下。

在表头的双横线上填写“应付职工薪酬”；在“年度”栏填写“2010 年”；在月、日栏填写“1 月 1 日”；在“摘要”栏填写“期初余额”；在“余额”栏填写“500 397.64”。贷方多栏明细账具体格式如图 3.10 所示。

(3) 借贷多栏式明细账。借贷多栏式账页常用于“材料采购”、“应交税费—应交增值税”等账户的明细核算，使账簿反映的内容能反映会计事项明细分类情况，满足编制会计报表的需要，使内容复杂的编表工作变得简单。借贷多栏式明细账具体格式如图 3.11 所示。

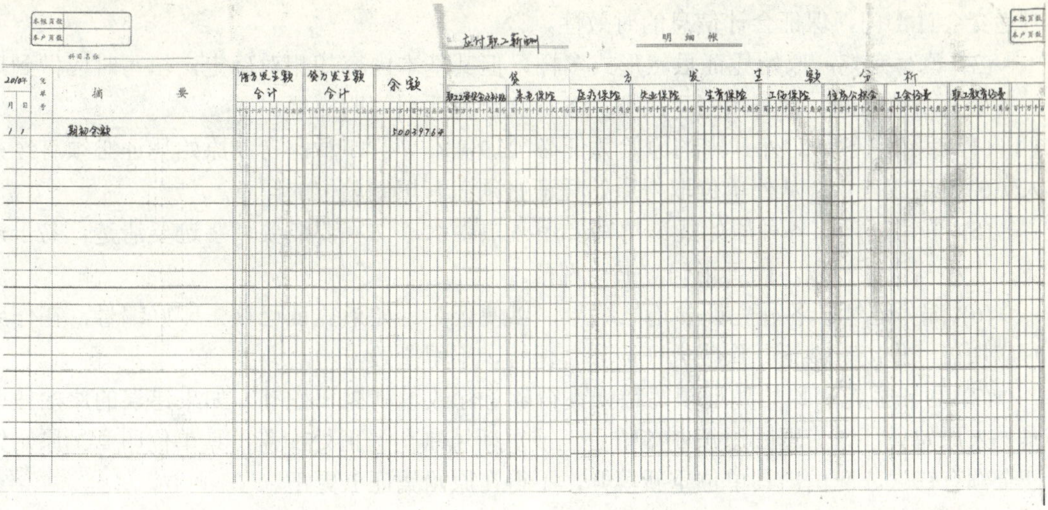

图 3.10　应付职工薪酬明细账

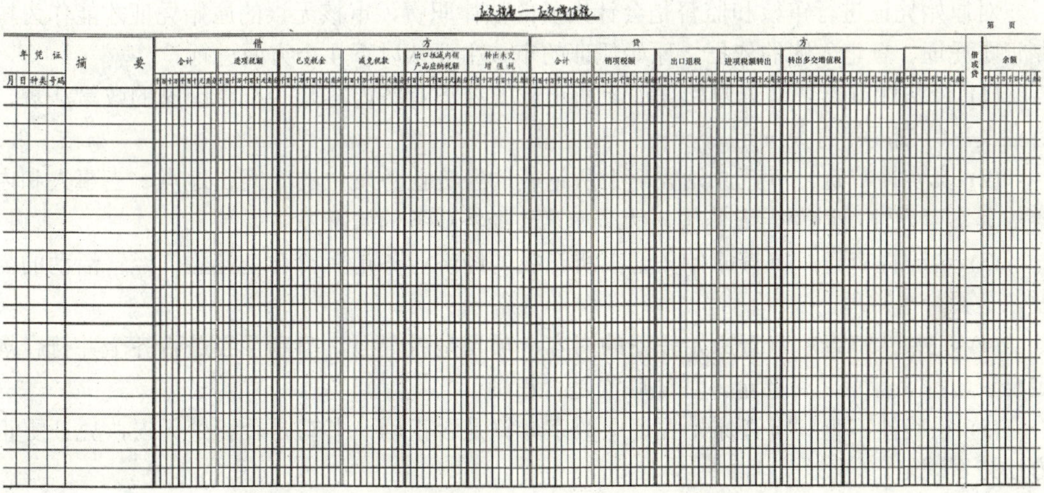

图 3.11　“应交税费——应交增值税”明细账

3.5.2　原始凭证的填制与审核

1. 原始凭证的填制要求

原始凭证的填制是会计核算工作的基础。如果原始凭证出现差错，必然会导致会计信息失真。因此，为了保证原始凭证能够及时、准确、清晰地反映经济业务的具体情况，提高会计工作质量，填制原始凭证时应符合下列要求。

(1) 内容真实。原始凭证填制的日期、业务内容和数字必须是真实可靠的，同时必须符合有关法律、法规和制度的要求。

(2) 填制及时。原始凭证必须按经济业务的执行完成情况及时填制，并按规定程序及时递交会计部门，保证会计信息的时效性。

(3) 填写完整。原始凭证虽然形式多样，但其基本内容却相对确定，填写时应做到项目齐全，不得遗漏，并且填写手续要完备，文字说明要简明扼要。

(4) 手续完备。对外开出的原始凭证必须加盖本单位印章；自制原始凭证必须有经办人员的签名或盖章；从外单位取得原始凭证必须盖有填制单位的印章。

(5) 书写正确。各种原始凭证填写要用蓝黑墨水，文字要简要，字迹要清楚，易于辨认；大小写金额一致，计算正确，书写规范。

(6) 编号连续。各种凭证要连续编号，以便查对。如果凭证已预先印好编号，在作废时应加盖“作废”戳记。作废凭证应妥善保管，不得撕毁。

(7) 更正规范。原始凭证填写错误不得随意涂改、刮擦和挖补。如果错误的原始凭证属外来原始凭证，应退回原填制单位更正或重新填制，更正处加盖出具单位印章。原始凭证金额有错误，应由出具单位重新填开，不得在原始凭证上更正。

2. 原始凭证审核要求

对原始凭证进行审核和监督是会计人员的法律职责，审核无误的原始凭证才能作为填制记账凭证、登记入账的依据。原始凭证的审核主要从以下 4 个方面进行。

(1) 合法性审查。审查原始凭证上所记载的经济业务内容是否符合国家的政策法规、行业及单位制度等有关规定。

(2) 真实性审查。审查原始凭证上所记载的经济业务发生的时间、地点、当事人和内容的真实可靠性，避免弄虚作假、伪造和篡改经济业务的情况发生。

(3) 合理性审查。审查原始凭证上所记载的经济业务是否符合企业生产经营活动的需要，是否合乎常理。

(4) 完整性审查。审查原始凭证的内容、项目是否全面，填制手续是否齐全并符合规定要求，签字盖章是否齐全，凭证联次是否正确。

(5) 正确性审查。审查原始凭证中数字计算是否正确，书写是否清楚无误，凭证更正方法是否规范。

3. 原始凭证中容易出现的错误与舞弊

原始凭证中容易出现的错误与舞弊主要有以下几种。

(1) 内容记载含糊不清，或故意掩盖事实真相，进行贪污作弊。

(2) 单位名称有误。

(3) 数量、单价与金额不符。

(4) 无收款单位签章。

(5) 开具“阴阳发票”，进行贪污作弊。

(6) 在整理和粘贴原始凭证过程中进行作弊。例如，利用单位原始凭证粘贴、整理不规范的弱点，在进行粘贴和整理时，采用移花接木的手法，故意将个别原始凭证抽出，等以后再重复报销；或在汇总原始凭证金额时，故意多汇或少汇，达到贪污其差额的目的。

(7) 模仿领导笔迹签字冒领。

(8) 涂改原始凭证上的时间、数量、单价、金额，或添加内容和金额。

4. 对有问题原始凭证的处理

在审核原始凭证的过程中，会计人员要认真履行《会计法》所赋予的职责和权限，坚持制度、坚持原则。对违反法律规章制度的收支，超过计划、预算或者超过规定标准的各项支出，会计人员应拒绝办理。对于内容不完全、手续不完备、数字有差错的凭证，会计人员应予以退回，要求经办人补办手续或进行更正。对于伪造或涂改等弄虚作假、严重违法的原始凭证，会计人员在拒绝办理的同时，应当予以扣留，并及时向单位主管或上级主管报告，请求查明原因，追究当事人的责任。

3.5.3 记账凭证的填制与审核

1. 记账凭证的格式

记账凭证的格式有两种，通用记账凭证和专用记账凭证，专用记账凭证又分为收款凭证、付款凭证和转账凭证。

2. 编制记账凭证的要求

对原始凭证进行审核，审核无误后才能据以编制记账凭证。编制记账凭证一般应符合如下要求。

(1) 日期清楚。收、付款凭证一般应填写经济业务的发生日期，因为收、付款业务一经发生，就应根据原始凭证填制记账凭证。转账凭证上的日期一般应写转账凭证的填制日期。但有些属于当月的经济业务，如费用的分配或成本、利润的结转等，需要到月末或下月初才能编制转账凭证，则应填写当月末的日期，以便记入当月账内，正确计算当月的经营成果。

(2) 摘要明确。以简明扼要的文字，概括地写清楚经济业务的内容，据此登记账簿，便于日后查阅。摘要应尽可能使用会计通用术语，如结转、冲转、转存、冲销、核销等。

(3) 科目要明细。记账凭证中填写明细科目是为了按明细科目归类汇总和登记有关明细账簿。

(4) 金额准确。记账凭证中每一会计科目的金额必须与所附原始凭证或原始凭证汇总表中的有关金额相一致。记账凭证中的借方金额必须与贷方金额合计数相等。角分不要留空白，可写“00”。写完一张凭证后，金额栏剩余的空行可画一斜线注销。金额合计第一位数前应加人民币符号“¥”。

(5) 编号连续。对记账凭证进行连续编号，是为了便于记账凭证与账簿的核对，了解记账凭证是否齐全。记账凭证一般是按月顺序编号，即每月从第 1 天第 1 笔会计事项的分录从第 1 号编起，顺序编至月末，也可按库存现金、银行存款、转账分类编号。1 笔分录一般只需要填 1 张记账凭证，编 1 个号，如果发生复杂的会计事项，一张记账凭证写不完一笔分录，需要填写两张以上的记账凭证时，可采用“分数编号法”，即加编分号，例如，4 号会计事项分录有 3 张记账凭证，加编的分号为 4 1/3 号、4 2/3 号、4 3/3 号。

(6) 签章齐全。为了使经济业务互相制约，做到严格管理，减少差错，记账凭证中要有填制凭证人员、审核人员、记账人员、会计主管人员的签名或盖章。收、付款的记账凭证还应由出纳人员签名或盖章。

(7) 编制要有依据。除结账和更正错误的可以不附原始凭证外，其他记账凭证应根据原始凭证来进行编制。原始凭证作为附件，附在记账凭证的后面，并登记附件的张数。如果一张原始凭证涉及几张记账凭证，可把原始凭证附在一张主要的记账凭证后面，在其他记账凭证上注明附有该原始凭证的记账凭证编号或者附原始凭证复印件。如果一张原始凭证所列支出需要几个单位共同负担的，应当按每个单位负担的部分开具原始凭证分割单进行结算。原始凭证分割单必须具备原始凭证的基本内容：凭证名称、填制凭证日期、填制凭证单位名称或者填制人姓名、经办人签名或者盖章、接受凭证单位名称、经济业务内容、数量、单价、金额和费用分摊情况等。

(8) 更正方法要正确。在填制记账凭证时发生错误的，应重新填制。记账后，在当年内发现填制记账凭证有错误，如果会计科目没有错误，只是金额有错误，可以按正确数字与错误数字的差额，另填制一张调整的记账凭证，调增金额用蓝字，调减金额用红字；如果会计科目有错误，可以用红字填写一张与错误记账凭证内容、金额相同的记账凭证，在摘要栏注明“注销某月某日某号凭证”，同时再用蓝字重新填写一张正确的记账凭证。发现以前年度记账凭证有错误的，应当用蓝字填制一张差错更正的记账凭证。

3. 记账凭证的审核

记账凭证填制完成后，为了保证会计记录的正确性，必须对记账凭证进行审核，审核无误后据以登记账簿。审核记账凭证的要点如下。

(1) 一致性审核。审核记账凭证后面是否附有原始凭证，所附原始凭证是否齐全，记账凭证所反映的经济业务是否与所附凭证的业务内容相符，原始凭证的实际张数是否与填写的张数一致。

(2) 正确性审核。审核记账凭证中会计科目运用是否正确，借贷方向有无错误，金额计算有无差错，文字是否正确。

(3) 完整性审核。审核记账凭证填写项目是否齐全，有无遗漏，填写是否规范，书写是否清楚，责任人是否签字盖章等。

记账凭证审核是会计监督的主要环节，是保证会计工作质量的前提条件，会计部门应建立专人审核制度，以确保会计信息的准确。在记账凭证审核中如果发现错误，应及时提醒有关人员更正或重新填制，只有经审核无误的记账凭证才能作为登记账簿的依据。

4. 记账凭证中容易出现的错误与舞弊

记账凭证容易出现的错误和舞弊包括会计账户运用错误、合计金额计算错误、记账凭证与所附原始凭证单据不符、在汇总凭证中进行作弊等。例如，在汇总若干费用报销单据时，故意多汇总，使付款凭证上的金额大于所附原始凭证的合计金额，以达到贪污其差额的目的。又如，在汇总若干张收款原始凭证时，故意少汇总，使收款凭证上的金额小于所附原始凭证的实际金额，以达到贪污其差额的目的；记账凭证中的“摘要”失真，编造虚假记账凭证。

3.5.4 登记账簿

1. 登记账簿的时间

(1) 日记账的登记时间。出纳人员应该根据办理完毕的收付记账凭证，逐笔登记库存现金与银行存款日记账。每日终了要结出余额。

(2) 明细账的登记时间。可以根据原始凭证、汇总的原始凭证或记账凭证逐日进行登记，也可以根据这些凭证定期(3 天或 5 天)登记。各项债权债务明细账应每日登记，以便随时与对方结算；财产物资明细账也要每天登记，以便随时核对存货余额。库存现金、银行存款账户由于已经设置了日记账，不必再设明细账，日记账实质上就是一种特殊的明细账。

(3) 总账的登记时间。总账账户要按照单位选用的会计核算形式及时记账。采用记账凭证核算形式记账的单位，应根据记账凭证定期逐笔登记总账；采用汇总记账凭证核算形式记账的单位，可以根据汇总记账凭证，月终时一次登记总账；采用科目汇总表核算形式的单位，可以根据每次汇总编制的科目汇总表定期登记，也可以在月终时，根据科目汇总表中各科目发生额的合计数一次登记。

2. 登记账簿的基本规则

(1) 登记账簿记录中的日期。登记会计账簿时，无论是当天记账，还是定期记账，账簿记录中的日期都要填写记账凭证上的日期，因为记账凭证是登记账簿的依据。发现漏记账目时，应进行补记，补记日期仍按原记账凭证日期填写，并在“摘要”栏加注“补记”字样。

(2) 记账时，除“附件张数”以外，凭证编号、经济内容摘要、金额等全部内容都要记入账簿内，以便从账簿上了解某一经济事项的全部内容，还可以根据“凭证号码”进行查对。

(3) 登账后，要在记账凭证上签名或盖章，并注明已经登账的符号，表示已经记账。记账符号一般用“√”表示。

(4) 各种账簿按页次顺序连续登记，不得跳行和隔页。如果发生跳行或隔页情况时，应将空行和空页画线注销，或注明“此行空白”或“此页空白”字样，并由记账人员盖章。一张账页的正、背面，只能设置一个账户；也不能只在账页的正面记账，背面不记账。一张账页正、背面记满后，新开的账页上必须填写同前页的账户名称。

(5) 凡需要结出余额的账户，应在“借或贷”等栏内写明“借”或“贷”字样，没有余额的写“平”字，并在余额栏用“θ”表示，“θ”应写在“元”位处。

(6) 登记账簿必须用蓝黑墨水或碳素墨水书写，不得使用圆珠笔或铅笔，以便于账簿记录的长期保存。特殊记账使用红色墨水，会计中的红字表示负数，使用红色墨水记账的情况：登记红字冲账的记账凭证；在不设借贷等栏的多栏式账页中，登记减少数；在三栏式账户的余额栏前，若没有注明余额方向的，在余额栏内登记反方向余额等。

(7) 登记账簿时书写的文字和数字不要写满格，一般占 1/2 格，以便更正。发生差错时，不得刮、擦、挖、补或用褪色药水更改，应将错误的文字或数字用红色墨水画线注销，在画线上方写上正确内容，并加盖个人印章。

(8) 为了保持账目记录的连续性，每一账页登记完毕结转下页时，应结出本页合计数及余额，写在本页最后一行和下页第一行有关栏内，并在摘要栏内加盖“过次页”和“承前页”印章，以保持账目记录的连续性。

3. 科目汇总表核算形式下总账登记举例

企业要按照既定的会计核算形式及时登记总账，下面以科目汇总表形式为例，说明登记总账的过程。科目汇总表最主要的作用在于简化登记总分类账的工作，同时，科目汇总表也可以起到试算平衡的作用。科目汇总表的登账步骤如下。

1) 登记 T 字账

(1) 按照总分类账账页目录顺序开设 T 字账，如图 3.12 所示。

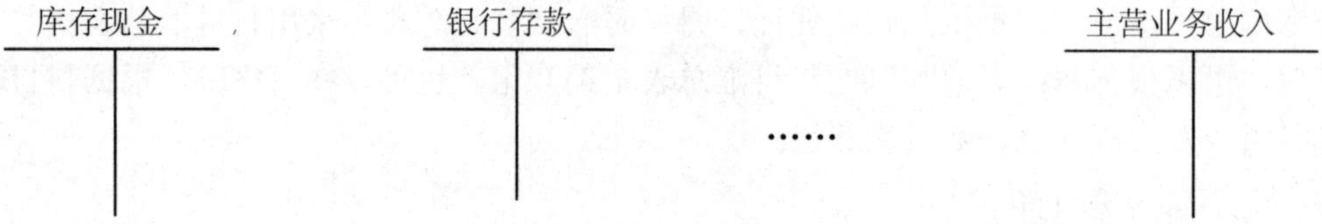

图 3.12　T 字账

(2) 将记账凭证逐笔过入 T 字账。

(3) T 字账登记完毕后，计算每个账户的借、贷方发生额，并据此编制科目汇总表，如图 3.13 所示。

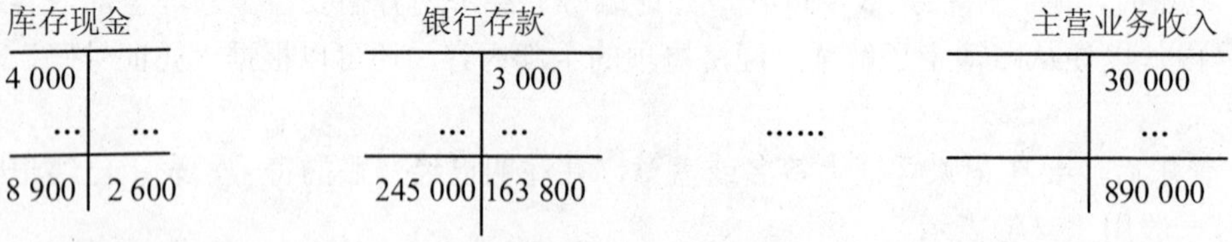

图 3.13　科目汇总

(4) 进行试算平衡，T 字账中各账户的借方发生额合计数应等于贷方发生额合计数，如果试算不平衡，应进行查错，直至平衡无误为止。

2) 编制科目汇总表

根据已经试算平衡的 T 字账编制科目汇总表，编制步骤如下。

(1) 在表头部分填写所汇总凭证的期间，如 2010 年 12 月 1～10 日。

(2) 按照 T 字账的顺序填写会计科目栏中有本月发生额的会计账户。

(3) 将 T 字账中本月借、贷方发生额过入科目汇总相应项目表中，科目汇总表中所在账户借方、贷方发生额的合计应相等。

(4) 注明该科目汇总表的编号，如“汇 1”，并注明该科目汇总表所汇总的凭证范围。

(5) 完成上述工作后，填写制表者姓名。

3) 登记总账

在科目汇总表核算形式中，登记总账的过程是将科目汇总表中汇总的各账户借方、贷方发生额分别登记到对应总账中，并结出余额的过程。

例如，2010 年 12 月 31 日，根据 1～31 日科目汇总表登记库存现金总账的操作步骤如下。

(1) 在库存现金总账日期栏填写“12 月 31 日”。

(2) 在凭证号码栏填入“汇 1”号。

(3) 在摘要栏填写“1～31 日发生”或“本月发生”。

(4) 在借方栏和贷方栏分别填写科目汇总表中所列金额。

(5) 根据库存现金总账期初余额与本期借、贷方发生额结出本期余额。

3.5.5 对账

根据记账凭证登记明细账和总账后，为了检查记账是否正确，可以定期或不定期地采用对账的方法予以核实。对账包括以下内容。

1. 账证核对

账证核对就是检查原始凭证、记账凭证与账簿记录的会计科目、金额、借贷方等项目是否相符。这种核对除在日常制单、记账过程中进行以外，每月终了，如果发现账证不符，应当追本溯源，进行账簿与会计凭证的检查核对，以确保账证相符。

2. 账账核对

账账核对包括总账的核对、总账与所属明细账的核对、总账与日记账的核对。

3. 账实核对

账实核对就是将企业财产物资的账面结存数与实际结存数进行核对，对不同的财产物资应采用不同的核对方法。库存现金、存货和固定资产等可以采用实地盘点方法清查其实际结存数量，与账面上结存的数量相核对；银行存款则需要通过编制银行存款余额调节表进行核对；债权和债务可通过函询等方法进行核对。

3.5.6 结账

为了总结某一时期在账簿内已记录的经济业务，必须在会计期末进行结账。不得为赶编报表而提前结账，更不得先编报表后结账。结账前应保证在月份内发生的应该记入当月账内的各项经济业务都已入账，并已对账完毕。结账的内容通常包括两个方面：①结清各种损益类账户，并据以计算本期利润；②结清各资产、负债、所有者权益类账户，分别结出本期发生额合计和余额。

1. 月末结账

月末结账时，要根据不同的账户记录采用不同的方法。对不需要按月结计本期发生额的账户，如各项应收应付款账户的明细账和其他各项资产、负债账户的明细账等，都要随时结出余额，每月最后一笔金额即为月末余额。月末余额结计在本月最后一笔经济业务记录的同一行余额栏内，并在此余额下画一条通栏红线。

库存现金、银行存款日记账和其他需要按月结计发生额的明细账户，如各种成本、费用和收入明细账等，每月结账时，要在本月最后一笔经济业务记录下面画一条通栏红线，另起一行，在摘要栏内注明“本月合计”字样，并结出本月发生额和期末余额。需要结出本年累计发生额的明细账户，如主营业务收入、在建工程明细账等，每月结账时，应在本月合计行下结出自年初起至本月末的累计发生额，登记在月份发生额下面，在摘要栏内注明“本年累计”字样，并在下面画一通栏红线。12 月末的本年累计就是全年累计发生额，在全年累计发生额下画双红线。

2. 年末结账

总账账户平时只需要结出月末余额。年终结账时，为了总括地反映全年各账户的全貌，核对账目，要将所有总账账户结出全年发生额和年末余额。在年末最后一笔总账记录下面画一条通栏红线，另起一行，在摘要栏内注明“本年合计”字样，并通栏描绘双红线。年度终了时，有余额的账户，要将其余额结转下年，具体做法：在年末账户余额的下一行摘要栏内注明“结转下年”字样，在下一会计年度新建有关会计账户的第一行余额栏内填写上年结转的余额，并在摘要栏注明“上年结转”字样。

实训　企业财务管理制度设计

实训目的

了解财务财务管理制度设计在企业管理中的重要性；熟悉企业财务管理制度设计的内容、方法及程序。

实训设计

(1) 实训时间安排：3 学时

(2) 实训人员安排：可以分组进行，也可以由一人独立完成。

(3) 实训材料：财务管理制度范例。

实训内容

以本书提供的模拟企业为会计主体，设计一套小型企业适用的财务管理制度，以加强和促进企业的管理。

第4章　会计综合实训案例

4.1　模拟企业简介

4.1.1　基本信息

企业名称：天津市红星啤酒股份有限公司

地址：天津市东丽区第六大道 108 号

法人代表：刘奇

注册号：1401052009876

企业类型：股份有限公司(一般纳税人)

注册资本：人民币肆仟万元

投资人：天津市红纺集团有限公司，投入资本叁仟万元，持股比例为 75%；

天津市旭日股份有限公司，投入资本壹仟万元，持股比例为 25%

经营范围：啤酒生产及销售

设立时间：1996 年 1 月 1 日

登记机关：天津市工商行政管理局

联系电话：60080066

邮政编码：300506

企业纳税人登记号：12011133557789

企业纳税编码：国税 1010118　地税 1012468

组织机构代码：75666003-2

开户银行：

中国工商银行股份有限公司东丽支行　账号 168230028555　基本账户

中国建设银行股份有限公司东丽支行　账号 159233342567　一般账户

4.1.2　企业组织架构及人员构成

天津市红星啤酒股份有限公司组织架构图如图 4.1 所示。

公司现有员工 230 人，其人员构成见表 4-1。

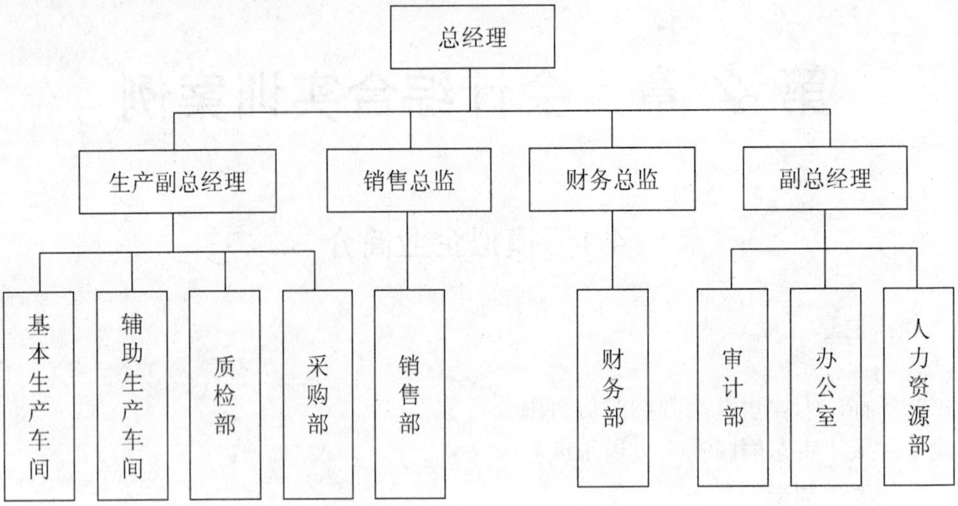

图 4.1　红星啤酒股份有限公司组织架构图

表 4-1　公司职工人数统计表

部　门		人　数
高层管理人员		5 人
基本生产车间	9 度清爽啤酒生产工人	72 人
	10 度淡爽啤酒生产工人	76 人
	车间管理人员	5 人
辅助生产车间	一车间生产工人	18 人
	二车间生产工人	9 人
	车间管理人员	3 人
质检部		6 人
采购部		7 人
销售部	网点销售人员	7 人
	公司销售部人员	3 人
财务部		5 人
审计部		3 人
办公室		6 人
人力资源部		5 人
合计		230 人

4.1.3　企业财务部门设置及具体分工

企业财务部共有 5 名职员，其中，财务经理 1 名，会计 3 名，出纳 1 名，具体分工如下。

(1) 财务经理李明，在财务总监的领导下，制定公司的财务会计制度、规定和办法；对企业的日常会计核算和财务管理工作进行组织和管理；组织企业预算制定、监督预算的执行；协助财务总监对成本费用进行审核、控制、分析及考核；管理会计凭证、账簿及会计报表等财务档案；定期进行财务分析，提出建设性的理财政策和建议。

(2) 主办会计王芳，协调各会计岗位的具体核算和组织工作；编制固定资产、无形资产、筹资投资等业务的记账凭证；保管公司财务专用章和发票专用章；登记总账，编制财务报表；计提税金并进行税款申报。

(3) 成本会计刘飞，负责期间费用、材料采购、存货收发等业务原始凭证的审核并编制记账凭证，进行期间费用、存货及产品成本核算。

(4) 销售会计赵红，按规定购买和填开销售发票；负责审核销售业务原始凭证，对销售业务进行账务处理；管理往来款项；登记明细账。

(5) 出纳张平，办理现金收付和银行存款结算业务；登记现金和银行存款日记账；保管库存现金和各种有价证券；保管空白收据和空白支票。

4.1.4 企业主要会计政策

1. 账务处理程序

该企业采用科目汇总表账务处理程序，每月月末编制科目汇总表。其账务处理程序如图4.2所示。

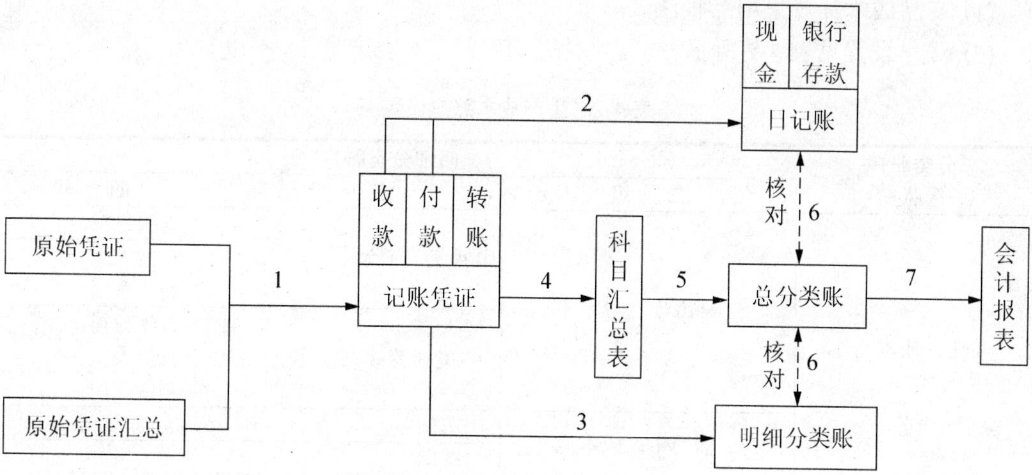

图4.2 科目汇总表账务处理程序

2. 货币资金核算

库存现金限额15 000元；收入现金必须向对方开具收据作为收款的凭据；支付给职工的现金借款、报销款须经相关领导批准签字；通过银行支付的款项，必须有经领导批准签字的“付款申请单”，方可办理。

3. 资产减值准备的计提

采用备抵法核算坏账，年末按应收账款余额的2%计提坏账准备。

4. 存货核算方法

按实际成本法进行日常核算，收入存货必须办理验收入库手续并填制入库单；发出存货应办理发出手续并填制领料单，存货发出按月末一次加权平均法计价；低值易耗品摊销方法采用一次摊销法。

5. 固定资产核算

折旧方法采用年限平均法，各类固定资产预计净残值均为4%，房屋按20年计提折旧，其他固定资产均按5年计提折旧。

6. 成本费用核算

1) 应付职工薪酬的计提

按照《劳动法》的规定计算职工工资及补贴；根据天津市社保中心和住房公积金管理中心的有关规定提取五险一金，计提由企业负担的职工养老保险、医疗保险、失业保险、生育保险、工伤保险、住房公积金的比例为职工个人工资总额的20%、10%、2%、8‰、2‰、10%；按职工个人工资总额的2%和2.5%计提工会经费和职工教育经费；职工福利费根据当期实际发生的金额计入相应的成本费用。

2) 产品成本核算

(1) 产品成本计算采用品种法。

(2) 账户设置见表4-2所示。

表4-2 生产成本账户设置

总分类账户（一级账户）	明细分类账户		
	二　级	三　级	四　级
生产成本	基本生产成本	9度清爽啤酒	直接材料
			直接人工
			制造费用
		10度淡爽啤酒	直接材料
			直接人工
			制造费用
	辅助生产成本	一车间	无
		二车间	无
制造费用	基本生产车间	无	无
	辅助生产车间	无	无

(3) 成本归集：基本生产车间发生的直接用于具体产品生产的各项成本记入“生产成本——基本生产成本——具体产品——直接材料”等账户，基本生产车间发生的各项间接费用记入“制造费用——基本生产车间”账户，辅助生产车间发生的直接归属于具体车间的各项成本记入“生产成本——辅助生产成本——某车间”账户，辅助生产车间发生的各项间接费用记入“制造费用——辅助生产车间”账户。

(4) 成本分配与结转：辅助生产车间制造费用按各车间生产工人工资比例分配记入“生产成本——辅助生产成本——某车间”账户，月末无余额；辅助生产车间生产成本按直接分配法分配并结转，月末无余额；基本生产车间制造费用按生产具体产品的工人工资比例进行分配，月末无余额；完工产品与在产品成本核算采用约当产量法。

7. 税费计提方法

企业为一般纳税人，增值税税率为 17%；企业的产品为应税消费品，适用税率为 250 元/吨，1 箱啤酒 10 瓶，每瓶净重 500 克，200 箱啤酒净重 1 吨；城市维护建设税税率为 7%；教育费附加征收率 3%；企业所得税税率为 25%，分月预缴，年度终了汇算清缴。

8. 公允价值变动损益的计算

资产负债表日，交易性金融资产按照公允价值计量，按照公允价值与账面余额之间的差额确认公允价值变动损益。

9. 借款利息的计提

短期借款和长期借款的利息均按月计提。借款利息满足资本化条件的，予以资本化，不满足资本化条件的，计入当期损益。

10. 利润分配

法定盈余公积金的提取比例为 10%；应付给投资者的利润，由股东大会根据当年的获利情况决定。

4.1.5 企业生产经营范围及主要产品

该企业的生产经营范围：啤酒的生产及销售。该企业的主要产品：红星 9 度清爽啤酒、红星 10 度淡爽啤酒。

4.1.6 企业产品生产流程

该企业产品的生产流程如图 4.3 所示。

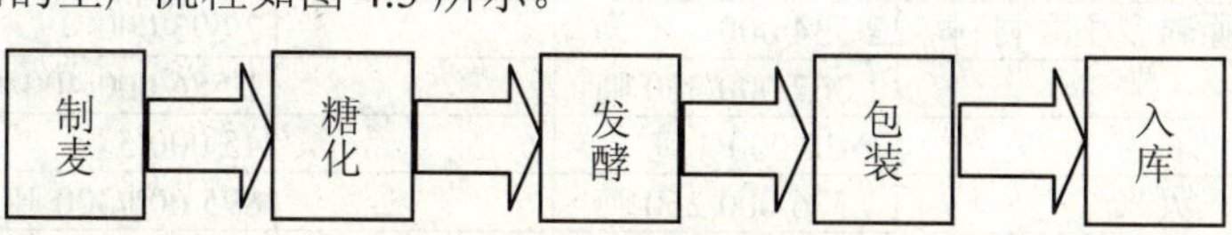

图 4.3 生产流程图

4.2 天津市红星啤酒股份有限公司 2010 年 12 月初建账资料

天津市红星啤酒股份有限公司 2010 年 12 月初建账资料见表 4-3～表 4-7。

表 4-3 2010 年账户年初余额及 11 月份期末余额

单位：元

科目编号	科目名称	年初余额		11 月月末余额	
		借 方	贷 方	借 方	贷 方
1001	库存现金	6 400.70		14 890.55	
1002	银行存款	4 566 580.65		5 489 948.27	

续表

科目编号	科目名称	年初余额		11月月末余额	
		借　方	贷　方	借　方	贷　方
100201	工商银行东丽支行	3 654 260.65		2 964 365.31	
100202	建设银行东丽支行	912 320		2 525 582.96	
1012	其他货币资金	1 600 000		2 000 000	
101201	存出投资款	1 600 000		2 000 000	
1121	应收票据	732 000		804 000	
112101	河北金利食品超市	520 000			
112102	蓟县龙南食品超市	212 000		212 000	
112103	北京东盛公司			592 000	
1122	应收账款	6 560 000		7 450 000	
112201	天津宏达食品公司	160 000		250 000	
112202	北京明月超市	2 400 000		2 400 000	
112203	河北联华食品公司	2 000 000		1 200 000	
112204	天津津红超市	2 800 000		2 000 000	
112205	济南海天食品公司		800 000	1 600 000	
1123	预付账款	1 500 000		2 000 000	
112301	河南鼎盛批发公司		500 000	2 100 000	
112302	江西龙昌商贸公司	2 000 000			100 000
1221	其他应收款	12 000		9 700	
122101	王庆国	6 000		6 000	
122102	李丽	6 000		3 700	
1231	坏账准备		32 800		37 250
123101	应收账款		32 800		37 250
1402	在途物资	1 575 000		1 620 000	
140201	大麦芽	1 060 000/260 吨		1 020 000/255 吨	
140202	大米	515 000/160 吨		600 000/200 吨	
1403	原材料	2 387 000		2 763 200	
140301	原料及主要材料	2 334 000		2 693 000	
14030101	大麦芽	1 367 000/350 吨		1 586 000/400 吨	
14030102	酒花	36 000/4 吨		45 000/5 吨	
14030103	大米	776 000/260 吨		895 600/300 吨	
14030104	酵母	155 000/520 千克		166 400/550 千克	
140302	辅助材料	53 000		70 200	
14030201	硅藻土	15 000/6.5 吨		19 600/8.5 吨	
14030202	碱	4 500/3.2 吨		5 500/4 吨	
14030203	消毒水	18 800/3 000 千克		15 600/2 500 千克	
14030204	酶	14 700/1 000 千克		29 500/2 000 千克	
1405	库存商品	7 689 153.78		8 650 327.94	
140501	9 度清爽啤酒	3 674 886.52/163 320 箱		4 983 669.28/221 600 箱	
140502	10 度淡爽啤酒	4 014 267.26/154 390 箱		3 666 658.66/141 050 箱	
1411	周转材料	1 890 000		2 492 400	
141101	低值易耗品	94 000		105 400	

续表

科目编号	科目名称	年初余额		11月月末余额	
		借　方	贷　方	借　方	贷　方
14110101	桶	17 000/80 个		23 400/110 个	
14110102	工作服	40 000/200 套		50 000/250 套	
14110103	劳保用品	37 000/740 件		32 000/650 件	
141102	包装物	1 796 000		2 387 000	
14110201	啤酒瓶	1 500 000/300 万只		2 000 000/400 万只	
14110202	啤酒盖	60 000/300 万只		80 000/400 万只	
14110203	商标(9 度啤酒)	30 000/300 万张		40 000/400 万张	
14110204	纸箱	150 000/30 万只		200 000/40 万只	
14110205	商标(10 度啤酒)	56 000/560 万张		67 000/670 万张	
1601	固定资产	25 109 000		37 025 800	
160101	管理部门固定资产	7 690 000		13 540 000	
16010101	房屋及建筑物	5 667 800		8 667 800	
16010102	办公设备	1 722 600		4 557 300	
16010103	其他	299 600		314 900	
160102	基本生产车间用固定资产	11 433 490		16 178 170	
16010201	房屋及建筑物	3 601 750		3 962 000	
16010202	机器设备	6 200 300		10 412 700	
16010203	运输设备	1 526 600		1 657 240	
16010204	其他	104 840		146 230	
160103	辅助生产车间用固定资产	5 985 510		7 307 630	
16010301	房屋及建筑物	1 896 250		2 536 000	
16010302	机器设备	3 278 600		3 754 900	
16010303	运输设备	752 400		974 560	
16010304	其他	58 260		42 170	
1602	累计折旧		4 712 456.81		5 198 953.76
1604	在建工程	1 660 000		1 660 000	
1701	无形资产	276 500		287 900	
170101	商标权	208 000		215 000	
170102	其他	68 500		72 900	
1702	累计摊销		67 980		75 320
170201	商标权		48 167		53 750
170202	其他		19 813		21 570
2001	短期借款		2 500 000		3 600 000
200101	建设银行东丽支行		2 500 000		3 600 000
2201	应付票据		750 000		870 000
220101	河北海天玻璃厂		750 000		
220102	北京惠农食品公司				870 000
2202	应付账款		2 480 000		3 360 000
220201	武汉白沙农副食品公司		620 000		1 380 000
220202	天津宝山农副食品公司		955 000		1 050 000
220203	河北纸箱厂		30 000	50 000	

续表

科目编号	科目名称	年初余额		11月月末余额	
		借方	贷方	借方	贷方
220204	天津鸿风印刷厂		80 000		60 000
220205	北京元海啤酒用品公司		795 000		920 000
2203	预收账款		1 500 000		1 460 000
220301	天津莲花超市		500 000	200 000	
220302	北京华明食品公司		1 000 000		1 660 000
2211	应付职工薪酬		500 397.64		526 339.02
221101	职工工资奖金及补贴		305 197.64		320 519.02
221103	养老保险		80 600		84 800
221104	医疗保险		40 300		42 400
221105	失业保险		8 060		8 480
221106	生育保险		3 224		3 392
221107	工伤保险		806		848
221108	住房公积金		40 300		42 400
221109	工会经费		9 840		12 560
221110	职工教育经费		12 070		10 940
2221	应交税费		1 269 572.36		1 473 190.98
222101	应交增值税				
22210101	应交增值税(进项税额)			11 455 528.54	
22210102	应交增值税(销项税额)				19 835 561.92
22210104	应交增值税(转出未交)			8 380 033.38	
222102	未交增值税		657 000		734 000
222103	应交消费税		367 000		498 500
222104	应交城市维护建设税		71 680		86 275
222105	应交教育费附加		30 720		36 975
222106	应交个人所得税		13 172.36		14 440.98
222107	应交企业所得税		130 000		103 000
2231	应付利息		36 900		45 600
223101	短期借款利息		12 500		18 000
223102	长期借款利息		24 400		27 600
2241	其他应付款		84 630		89 040
224101	养老保险		32 240		33 920
224102	医疗保险		8 060		8 480
224103	失业保险		4 030		4 240
224104	住房公积金		40 300		42 400
2501	长期借款		3 000 000		3 000 000
250101	工商银行东丽支行		3 000 000		3 000 000
4001	股本		40 000 000		40 000 000
400101	红纺集团有限公司		30 000 000		30 000 000
400102	旭日股份有限公司		10 000 000		10 000 000

续表

科目编号	科目名称	年初余额		11月月末余额	
		借方	贷方	借方	贷方
4002	资本公积		890 000		890 000
400201	股本溢价		890 000		890 000
4101	盈余公积		685 000		685 000
410101	法定盈余公积		685 000		685 000
4103	本年利润				14 764 000
4104	利润分配		1 779 762.45		725 468.59
410410	未分配利润		1 779 762.45		725 468.59
5001	生产成本	4 725 864.13		4 531 995.59	
500101	基本生产成本	4 725 864.13		4 531 995.59	
50010101	9度清爽啤酒	2 689 294.39		2 654 647.41	
5001010101	直接材料	1 169 773.07		1 136 095.46	
5001010102	直接人工	460 826.38		487 072.62	
5001010103	制造费用	1 058 694.94		1 031 479.33	
50010102	10度淡爽啤酒	2 036 569.74		1 877 348.18	
5001010201	直接材料	875 692.34		826 757.61	
5001010202	直接人工	385 602.16		376 882.15	
5001010203	制造费用	775 275.24		673 708.42	

表4-4 2009年损益类科目累计发生额

单位：元

科目编号	科目名称	累计借方	累计贷方
6001	主营业务收入		
600101	9度清爽啤酒		52 682 750
600102	10度淡爽啤酒		52 252 760
6051	其他业务收入		
6401	主营业务成本		
640101	9度清爽啤酒	36 650 954.68	
640102	10度淡爽啤酒	32 887 669.94	
6402	其他业务成本		
6403	营业税金及附加	3 956 424.39	
6701	资产减值损失		
670101	计提的坏账准备	231 560	
6602	管理费用		
660201	办公费	751 567.63	
660202	印花税	13 427.64	
660203	业务招待费	462 785	
660204	差旅费	757 624.68	
660205	职工薪酬	2 481 608	
660206	水电费	241 085.72	
660207	折旧费	988 692.34	
660208	无形资产摊销	51 841.56	
660209	其他	104 261.38	
6601	销售费用		

续表

科目编号	科目名称	累计借方	累计贷方
660101	广告宣传费	9 682 550	
660102	职工薪酬	462 370.60	
660103	其他	526 352.61	
6603	财务费用		
660301	手续费支出	11 589	
660302	利息支出	276 000	
660303	现金折扣		
660304	利息收入	30 625.29	
6711	营业外支出		
671101	捐赠支出		
671102	报废固定资产损失		
6111	投资收益		
6101	公允价值变动损益		
6801	所得税费用	3 631 629.89	

表 4-5 2010 年 1～11 月损益类科目累计发生额

单位：元

科目编号	科目名称	累计借方	累计贷方
6001	主营业务收入		
600101	9 度清爽啤酒		59 503 760
600102	10 度淡爽啤酒		55 525 650
6051	其他业务收入		1 650 366
6401	主营业务成本		
640101	9 度清爽啤酒	36 509 541.51	
640102	10 度淡爽啤酒	31 139 262.12	
6402	其他业务成本	1 392 755.73	
6403	营业税金及附加	4 264 374.86	
6701	资产减值损失		
670101	计提的坏账准备	34 450	
6602	管理费用		
660201	办公费	815 678.32	
660202	印花税	12 366.48	
660203	业务招待费	667 895	
660204	差旅费	576 522.85	
660205	职工薪酬	2 987 072	
660206	水电费	250 684.36	
660207	折旧费	1 248 890.4	
660208	无形资产摊销	52 781.63	
660209	其他	153 461.85	
6601	销售费用		
660101	广告宣传费	12 389 700	
660102	职工薪酬	565 440.25	
660103	其他	560 652.94	
6603	财务费用		
660301	手续费支出	10 634	

续表

科目编号	科目名称	累计借方	累计贷方
660302	利息支出	365 000	
660303	现金折扣	659 680	
660304	利息收入	38 962.37	
6711	营业外支出		
671101	捐赠支出	2 200 000	
671102	报废固定资产损失	69 056	
6111	投资收益		67 800
6101	公允价值变动损益	97 380	
6801	所得税费用	4 921 333.33	

表 4-6

资产负债表

2009 年 12 月 31 日

编制单位：天津市红星啤酒股份有限公司　　单位：元

资　　产	年初余额	期末余额	负债和所有者权益（或股东权益）	年初余额	期末余额
流动资产：			流动负债：		
货币资金	3 756 253.18	6 172 981.35	短期借款	1 000 000	2 500 000
交易性金融资产			交易性金融负债		
应收票据	260 000	732 000	应付票据		750 000
应收账款	3 785 000	7 327 200	应付账款	1 500 000	2 980 000
预付款项	800 000	2 000 000	预收款项	1 800 000	2 300 000
应收利息			应付职工薪酬	423 195.35	500 397.64
应收股利			应交税费	965 372.61	1 269 572.36
其他应收款	0	12 000	应付利息	19 500	36 900
存货	1 696 5231.69	18 267 017.91	应付股利		
一年内到期的非流动性资产			其他应付款	0	84 630
流动资产合计	25 566 484.87	34 511 199.26	一年内到期的非流动负债		
非流动性资产			流动负债合计	5 708 067.96	10 421 500
可供出售金融资产			非流动负债：		
持有至到期投资			长期借款		3 000 000
长期应收款			应付债券		
长期股权投资			长期应付款		
投资性房地产			专项应付款		
固定资产	18 936 257.36	20 396 543.19	预计负债		
在建工程	0	1 660 000	递延所得税负债		
工程物资			其他非流动负债		
固定资产清理			非流动负债合计	0	3 000 000
生产性生物资产			负债合计	5 708 067.96	13 421 500
油气资产			所有者权益(或股东权益)		
无形资产	0	208 520	实收资本(或股本)	40 000 000	40 000 000

续表

资　　产	年初余额	期末余额	负债和所有者权益(或股东权益)	年初余额	期末余额
开发支出			资本公积	890 000	890 000
商誉			减：库存股		
长期待摊费用			盈余公积	148 255.52	685 000
递延所得税资产			未分配利润	−2 243 581.25	1 779 762.45
其他非流动资产			所有者权益(或股东权益)合计	38 794 674.27	43 354 762.45
非流动资产合计	18 936 257.36	22 265 063.19			
资产总计	44 502 742.23	56 776 262.45	负债和所有者权益(或股东权益)总计	44 502 742.23	56 776 262.45

表 4-7　2010 年 1 ~11 月现金流量表

编制单位：天津市红星啤酒股份有限公司　　　　单位：元

项　　目	金　额
一、经营活动产生的现金流量	
销售商品、提供劳务收到的现金	105 675 410
收到的税费返还	
收到的其他与经营活动有关的现金	
经营活动现金流入小计	105 675 410
购买商品、接受劳务支付的现金	80 192 856.38
支付给职工以及为职工支付的现金	6 789 729.62
支付的各项税费	9 175 708.29
支付的其他与经营活动有关的现金	2 036 258.24
经营活动现金流出小计	98 194 552.53
经营活动产生的现金流量净额	7 480 857.47
二、投资活动产生的现金流量	
收回投资所收到的现金	
取得投资收益所收到的现金	67 800
处置固定资产、无形资产和其他长期资产所收回的现金净额	
收到的其他与投资活动有关的现金	400 000
投资活动现金流入小计	467 800
购建固定资产、无形资产和其他长期资产所支付的现金	11 916 800
投资所支付的现金	
支付的其他与投资活动有关的现金	
投资活动现金流出小计	11 916 800
投资活动产生的现金流量净额	−11 449 000
三、筹资活动产生的现金流量	
吸收投资所收到的现金	
借款所收到的现金	5 500 000
收到的其他与筹资活动有关的现金	
筹资活动现金流入小计	5 500 000
偿还债务所支付的现金	
分配股利、利润或偿付利息所支付的现金	
支付的其他与筹资活动有关的现金	200 000

续表

项目	金额
筹资活动现金流出小计	200 000
筹资活动产生的现金流量净额	5 300 000
四、汇率变动对现金及现金等价物的影响	
五、现金及现金等价物净增加额	1 331 857.47

4.3 天津市红星啤酒股份有限公司往来客户信息资料

天津市红星啤酒股份有限公司往来客户信息资料见表4-8。

表4-8 往来客户信息资料

公司全称	纳税人识别号	开户行及账号	地址及电话
河北联华食品有限公司	140503634557891	中国工商银行河北分行 81254378062134	石家庄市广场南路297号 36224856
河北利民啤酒用品有限公司	140503634522456	中国银行江岸区支行 03000100806806	石家庄市公园里25号 36782233
蓟县龙南食品超市	120000824564445	中国建设银行蓟县支行 02053241278132	天津市蓟县朝阳路67号 54227824
北京华明食品有限公司	110102798700543	中国建设银行海淀支行临江分理处 12108193203126	北京市海淀区临江路22号 22346785
天津金威啤酒销售有限公司	120008789456437	中国工商银行南开支行花园分理处 02341256788130	天津市南开区红旗路56号 22465764
河北昌盛啤酒经销有限公司	140503692345671	中国工商银行河北分行 81254378063278	河北省石家庄市梨园路325号 32056734
北京长城劳保用品批发公司	110102798710269	中国交通银行昌平支行 08979902345622	北京市昌平区科技园6号 27365347
天津鸿风印刷厂	120008789463239	天津银行河西支行 04027365145321	天津市河西区下瓦房68号 36725348
昌平玻璃厂	110102798730224	中国建设银行昌平支行 06227805691533	北京市昌平区红日路39号 58247836
石家庄市大宏食品有限公司	140503692335245	中国建设银行京东区支行 04002781002560	河北省石家庄市京东路98号 33058238
北京飞鸿机械设备公司	110102798715226	北京银行昌平支行 06078005340836	北京市昌平区胜利路92号 58263478
河南鼎盛批发有限公司	160502400503241	中国农业银行郑州分行 61324560782532	河南省郑州市广场西路147号 37582553
天津雪花啤酒厂	120008789457328	中国建设银行南开支行红旗路分理处 03201345678902	天津市南开区红旗路321号 22485360
天津市电力公司	120008789345266	中国农业银行河北支行 05003456789028	天津市河北区五经路39号 25892345
天津市自来水集团有限公司	120008789256384	中国工商银行和平支行 04078905324587	天津市和平区建设路54号 23378969

4.4 天津市红星啤酒股份有限公司 2010 年 12 月发生的经济业务内容

以下为天津市红星啤酒股份有限公司 2010 年 12 月发生的经济业务说明，原始凭证见附录。

(1) 1 日，销售部高园园预借差旅费 5 000 元，前往深圳参加招商会议。

原始凭证：借款单。

(2) 1 日，办公室向天津市蓝月亮文化用品公司购买文件夹、计算器等办公用品，价款为 2 575 元，开出工商银行转账支票支付。

原始凭证：付款申请单、天津市市工商业统一发票、中国工商银行转账支票。

(3) 2 日，用现金支付刘云等 6 人困难补助 5 400 元。

原始凭证：困难补助发放表。

(4) 2 日，企业收到银行入账通知单，河北联华食品公司所欠本企业货款 1 200 000 元，已经划入本企业账户。

原始凭证：建设银行东丽支行收款通知。

(5) 3 日，出纳开出工商银行东丽支行的现金支票，提取现金 5 000 元备用。

原始凭证：中国工商银行现金支票。

(6) 3 日，河北达成农副食品公司发来的已记入在途物资的大米 200 吨，大麦芽 255 吨已经到达企业，经挑选整理后，实际入库大米为 199.5 吨，大麦芽为 254.5 吨。损失的货物属合理损耗，大米货款 600 000 元、大麦芽货款 1 020 000 元已于上月支付。

原始凭证：商品验收及入库单。

提示：采购存货时发生的合理损耗应计入存货的成本，存货明细账上收到的存货数量应登记为实际入库的数量，因此，采购存货时发生的合理损耗将导致存货的单位成本有所增加。

(7) 4 日，北京华明食品公司购买 9 度清爽啤酒 25 000 箱，不含税价款 40 元/箱，购买 10 度淡爽啤酒 20 000 箱，不含税价款 50 元/箱。企业已开出增值税专用发票，发票上注明价款 2 000 000 元、增值税 340 000 元。北京华明食品公司已预付 1 660 000 元。

原始凭证：产品出库单、增值税专用发票(记账联)。

提示：企业销售商品的成本不用逐笔结转，采用月末一次加权平均法确定库存商品成本后于月末汇总结转。产品出库单先保留，到月末结转成本时作为原始凭证。后面发生销售业务时不再提示本信息。

(8) 5 日，向河北利民啤酒用品有限公司采购酒花 2 吨，不含税单价 9 200 元/吨，酵母 400 千克，不含税单价 320 元/千克。增值税专用发票上注明的金额是 146 400 元，税额 24 888 元。销售方代垫运输费 1 600 元，其中酒花运费为 1 200 元，酵母运费为 400 元。运输专用发票已收到，该运输发票符合抵扣进项税额的条件。货款及运费已从建行东丽支行划出。

原始凭证：公路、内河货物运输业务统一发票，付款申请单，增值税专用发票(抵扣联、发票联)，建设银行东丽支行电汇凭证(回单)。

提示：企业材料入库应有入库单，没有入库单表明材料尚未到库。符合抵扣条件的运费发票可以按发票金额的7%确认进项税额。后面发生类似业务时不再提示本信息。

(9) 5日，天津金威啤酒销售公司购买9度清爽啤酒30 000箱，不含税价款40元/箱，企业已开出增值税专用发票，发票上注明价款1 200 000元，增值税204 000元，对方已开出转账支票。

原始凭证：产品出库单、增值税专用发票(记账联)、中国工商银行转账支票、银行进账单(回单)。

提示：收到其他单位开出的转账支票后，应由出纳持转账支票填制银行进账单到开户银行入账。

(10) 6日，蓟县龙南食品超市开出的期限为3个月的商业承兑汇票到期，票面金额为212 000元，对方如期兑付。

原始凭证：委托收款凭证(收账通知)、商业承兑汇票。

(11) 6日，河北昌盛啤酒经销商购买9度清爽啤酒20 000箱，不含税价款40元/箱，10度淡爽啤酒30 000箱，不含税价款50元/箱，企业已开出增值税专用发票，发票上注明价款2 300 000元，增值税391 000元。货款尚未收到。双方签订合同约定："3/20，2/30，n/40"。折扣不考虑增值税。

原始凭证：产品销售合同、产品出库单、增值税专用发票(记账联)。

(12) 7日，从工商银行东丽支行申请银行承兑汇票一张，期限为2个月，金额为920 000元，用于抵偿所欠北京元海啤酒用品公司账款。银行收取手续费460元。

原始凭证：付款申请单、银行承兑汇票(存根)、银行业务收费凭证。

(13) 7日，向建设银行东丽支行申请银行汇票一张，票面金额为1 500 000元，收款人为北京昌平玻璃厂，交采购员王宁采购啤酒瓶和啤酒盖。银行收取邮电费7.5元，手续费1元。

原始凭证：付款申请单、建设银行银行汇票申请书(存根)、银行业务收费凭证。

(14) 8日，企业缴纳上月应交未交的增值税734 000元，消费税498 500元，城市维护建设税86 275元，教育费附加36 975元，企业所得税103 000元，代交上月已代扣的个人所得税14 440.98元。

原始凭证：中华人民共和国税收通用缴款单(国税)、中华人民共和国税收通用缴款单(地税)。

提示：根据原始凭证中的银行转讫章判断从哪个银行账户缴纳税款。

(15) 8日，签发转账支票，购买本月印花税1 650元。

原始凭证：市税务局印花税票报销专用凭证、付款申请单、中国工商银行转账支票。

(16) 9日，向银行申请签发银行本票一张，金额为152 100元，交采购员王宁向天津鸿风印刷厂采购9度清爽啤酒商标纸及纸箱，手续费1元。

原始凭证：付款申请单、建设银行本票申请书、银行业务收费凭证。

(17) 10日，根据工资结算单，企业开出转账支票，将11月份职工工资通过开户银行转入企业职工工资账户。企业职工工资账户信息：户名为"天津市红星啤酒股份有限公司"；开户行为"工商银行东丽支行"；账号为"168230029321"。

原始凭证：工资结算单、付款申请单、中国工商银行转账支票。

提示：该企业于月末计提当月工资，计提工资时将代缴的保险、公积金、个人所得税等金额进行扣缴。每月 10 号发放上月工资。

(18) 11 日，向北京长城劳保用品批发公司采购劳保用品 200 件，增值税专用发票上注明价款 10 200 元， 增值税 1 734 元，销售方代垫运费 1 000 元，从建设银行电汇付款。

原始凭证：公路、内河货物运输业务统一发票(代开)，付款申请单，增值税专用发票(抵扣联、发票联)，商品验收及入库单，建设银行电汇凭证(回单)。

(19) 11 日，向天津鸿风印刷厂采购的 300 万张 9 度清爽啤酒商标纸、20 万只纸箱已到货并验收入库，增值税发票列明商标价款 30 000 元，增值税 5 100 元，纸箱价款 100 000 元，增值税 17 000 元。货款用 9 日申请的银行本票结算。

原始凭证：增值税专用发票(抵扣联、发票联)、商品验收及入库单。

(20) 11 日，缴纳 11 月企业及职工负担的社会保险和住房公积金。

原始凭证：职工社会保险和住房公积金表、天津市社会保险基金专用收据、天津市公积金汇缴书、社会保险委托收款凭证(付款通知)。

提示：该企业于月末计提当月企业承担的五险一金，每月 15 日之前将上月企业及职工负担的社会保险和住房公积金一并缴纳到相关部门。

(21) 12 日，向昌平玻璃厂采购 200 万只啤酒瓶和啤酒盖，材料已验收入库，增值税专用发票上注明啤酒瓶价款 1 000 000 元，税额 170 000 元，啤酒盖价款 40 000 元，税额 6 800 元，采购员王宁用银行汇票结算，实际结算金额为 1 216 800 元。

原始凭证：中国建设银行银行汇票(解讫通知)、增值税专用发票(抵扣联、发票联)、商品验收及入库单。

提示：银行汇票可以部分支付，多余款项将划回企业出票账户。

(22) 13 日，石家庄市大宏食品有限公司购买 9 度清爽啤酒 50 000 箱，不含税价款 40 元/箱，10 度淡爽啤酒 60 000 箱，不含税价款 50 元/箱，企业已开出增值税专用发票，发票上注明价款 5 000 000 元，增值税 850 000 元。企业代垫运费 2 000 元，收到为期 3 个月的商业承兑汇票一张。

原始凭证：商业承兑汇票、产品出库单、付款申请单、中国工商银行转账支票、增值税专用发票(记账联)。

(23) 14 日，收到建行通知，采购啤酒瓶及啤酒盖的银行汇票结算多余款项 283 200 元，已划回建行。

原始凭证：中国建设银行银行汇票(多余款收账通知)。

(24) 15 日，从北京飞鸿机械设备公司购入 2 台糖化锅作为生产设备，不含税价款 36 000 元，增值税 6 120 元，公司通过工商银行电汇货款。

原始凭证：付款申请单、增值税专用发票(抵扣联、发票联)、工商银行电汇凭证(回单)。

提示：购买生产设备支付的增值税可以抵扣。

(25) 16 日，收到工商银行通知，河北昌盛啤酒经销商 6 日购买产品的货款已通过中国银行网上银行支付并到账。按照合同约定，购货方享受 3%的现金折扣，实际收到 2 622 000 元，现金折扣不考虑增值税。

原始凭证：现金折扣计算表、工商银行汇入款项通知书(来账)。

(26) 17日，销售部王庆国报销业务招待费800元，财务部以现金补足其定额备用金。

原始凭证：市服务业务发票、费用报销单。

(27) 18日，5日采购的酒花2吨和酵母400千克已到库，经查验质量和数量无误。

原始凭证：商品验收及入库单。

(28) 18日，支付天津市方正广告公司广告宣传费1 200 000元，财务部出纳开出工商银行转账支票。

原始凭证：广告业专用发票(发票联)、付款申请单、中国工商银行转账支票。

(29) 19日，销售部高园园出差回来报销差旅费，其中交通费1 192元，住宿费2 400元，业务招待费480元。余款退回财务部。

原始凭证：差旅费报销单、收款收据、发票(略)。

(30) 20日，向河南鼎盛批发公司采购大麦芽300吨，每吨不含税价款4 500元/吨，增值税专用发票上注明价款1 350 000元，增值税229 500元。河南鼎盛批发公司代垫运费10 000元。款项已预付。

原始凭证：公路、内河货物运输业务统一发票(代开)，商品验收及入库单，增值税专用发票(抵扣联、发票联)。

(31) 21日，向天津蓟县农民收购大米50吨，收购价为3 200元/吨，运费5 000元。获得了可以抵扣进项税额的收购凭证。货已到库，财务部出纳开出工商银行现金支票160 000元付大米收购款。开出工商银行转账支票5 000元，付天津德政运输有限公司运费。

原始凭证：公路、内河货物运输业务统一发票(代开)，商品验收及入库单，收据，付款申请单(2张)，中国工商银行转账支票，中国工商银行现金支票。

提示：向农民收购大米按有效收购凭证金额的13%抵扣增值税。

(32) 21日，收到银行存款利息传票，其中工商银行东丽支行利息收入1 031.34元，建行东丽支行利息收入2 215.42元。

原始凭证：银行计(付)利息清单(工商银行)、银行计(付)利息清单(建设银行)。

(33) 22日，通过申银万国证券公司天津东丽营业部从上海证券交易所购入中信证券股票80 000股，买入价10.5元/股，支付相关交易税费2 600元，并将此项投资确认为交易性金融资产。

原始凭证：证券中央登记结算公司证券买入交割单。

(34) 23日，收到工商银行委托收款付款通知，代扣办公电话费5 682.96元。

原始凭证：天津市东丽区电信有限公司电信业专业发票(发票联)、托收凭证(付款通知)。

提示：支付的电话费是11月份费用，因为每个月的电话费比较均衡，简化处理，作为本月费用来确认。

(35) 24日，企业将21日向农民收购的大米作为员工福利发给职工，每位职工发放100千克，共计23 000千克。

原始凭证：员工福利(大米)发放表、领料单。

提示：此业务属于福利发放，发放大米应将原来已确认的进项税额转出。企业于月末计提本月实际发放的福利。

(36) 25日，基本生产车间有一台发酵设备，由于机械故障损坏，经批准作报废处理，该设备原值85 000元，已提折旧74 700元，没有计提资产减值准备。

原始凭证：设备报废申请单(该固定资产预计使用5年，实际使用4.5年)。

(37) 25日，向天津雪花啤酒厂销售大麦芽200吨，每吨不含税价款5 000元/吨，增值税专用发票上注明价款1 000 000元，增值税170 000元，已办理工商银行托收承付手续。

原始凭证：增值税专用发票(记账联)、领料单、工商银行托收凭证(受理)回单(第一联)(附寄单证3张，商品于2010年12月25日发运，合同名称号码为05668)。

提示：该笔业务只确认收入，成本结转于月末处理，领料单保留到月末作为该销售业务成本结转的原始凭证。办理托收承付手续时应确认为应收账款，收到托收承付的收账通知才能确认银行存款。

(38) 26日，将已批准报废的发酵设备送往废旧物资回收公司，以库存现金支付运输费540元，收到废旧物资回收公司开具的收购凭证和转账支票各一张，收购价格为2 800元。款项已入账。

原始凭证：固定资产报废单、增值税普通发票(记账联)、付款申请单、市服务业统一发票(发票联)、中国工商银行转账支票、银行进账单(收账通知)。

提示：2008年12月31日以前未纳入扩大增值税抵扣范围试点的纳税人，销售自己使用过的2008年12月31日以前购进或者自制的固定资产，按照不含税销售额与4%征收率减半征收增值税。2 800元为含税销售额，不含税销售额=2 800/(1+4%)。

(39) 12月27日，卖出50 000股中信证券股票，卖出价12元/股，支付相关交易税费2 450元。

原始凭证：证券中央登记结算公司证券卖出交割单。

提示：卖出部分交易性金融资产时应该按比例结转交易性金融资产的成本。

(40) 27日，企业向员工每人发放9度清爽啤酒5箱，共计1 150箱。

原始凭证：员工福利(9度清爽啤酒)发放表、产品出库单。

提示：自产应税消费品发给员工作为福利应视同销售，确认主营业务收入，缴纳增值税和消费税，月末结转主营业务成本。啤酒的消费税从量定额，适用税率为250元/吨，1箱啤酒10瓶，每瓶净重500克，200箱啤酒净重1吨。

(41) 28日，开出转账支票，通过天津市红十字会捐赠天津市儿童福利院500 000元。

原始凭证：红十字会接受社会捐赠专用收据、付款申请单、中国工商银行转账支票。

(42) 28日，销售部赵玫报销培训费10 200元，开出转账支票支付。

原始凭证：天津市服务业统一发票(培训发票)、付款申请单、中国工商银行转账支票。

(43) 月末，收到工商银行转来的电力公司的委托收款凭证，付本月电费161 612.41元，本月用电度数为212 564度。其中，基本生产车间用电114 569度，辅助生产车间一车间用电42 576度，辅助生产车间二车间用电36 785度，企业管理部门用电18 634度。天津市一般工商业用电价格为0.760 3元/度(含税)，获得的增值税专用发票上列明电费138 130.26元，增值税23 482.15元。

原始凭证：增值税专用发票(抵扣联、发票联)、电费分配表、托收凭证(付款通知)。

提示：填制电费分配表时，计算每度电的不含税单价建议保留6位小数，以保证数据的精准性，最后一个数字应倒挤出来，以避免尾差。

(44) 月末，收到工商银行转来的自来水公司的委托收款凭证，付本月水费48 997元，本月用水量为75 380吨。其中，基本生产车间用水54 559吨，辅助生产车间一车间用水12 674

吨，辅助生产车间二车间用水 7 367 吨，企业管理部门用水 780 吨。天津市工业用水价格为 0.65 元/吨(含税)，获得的增值税专用发票上列明水费 43 360.18 元，增值税 5 636.82 元。

原始凭证：增值税专用发票(抵扣联、发票联)、托收凭证(付款通知)、水费分配表。

提示：填制水费分配表时，计算方法同电费分配表。

(45) 月末，计提本月固定资产折旧，折旧方法采用年限平均法，各类固定资产预计净残值为 4%，房屋按 20 年计提折旧，其他固定资产均按 5 年计提折旧。

原始凭证：固定资产折旧计算表。

提示：根据固定资产月初原值及月折旧率计算每月折旧，固定资产没有计提减值准备。计提累计折旧时为简化处理，没有分明细科目。

(46) 月末，摊销无形资产，无形资产的摊销年限为 5 年。

原始凭证：无形资产摊销表。

提示：无形资产的摊销为年限平均法，无净残值。无形资产账户月末余额为应摊销额，按 5 年期限摊销，计算每月的摊销金额。

(47) 月末，收到建设银行的付款通知，结算短期借款本季度利息 27 000 元，上两个月已预提利息 18 000 元。

原始凭证：贷款利息计算表、建设银行天津市东丽支行计收利息清单(付款通知)。

(48) 月末，预提本月应负担的长期借款利息，本金 3 000 000 元，年利率 6%，该借款于 2010 年 11 月 1 日借入，用于正在施工中的仓库建造工程，每 3 个月结付一次利息。此利息符合利息资本化条件。

原始凭证：贷款利息计算表。

(49) 月末，中信证券股票市价 11.2 元/股。

原始凭证：交易性金融资产公允价值变动损益计算表。

(50) 月末，计提本月应付工资，同时代扣职工负担的社会保险、住房公积金、个人所得税。

原始凭证：工资结算汇总表。

(51) 月末，按工资总额的 20%、10%、2%、8‰、2‰、10%、2%和 2.5%计提由企业负担的职工养老保险、医疗保险、失业保险、生育保险、工伤保险、住房公积金、工会经费和职工教育经费。

原始凭证：工会经费和职工教育经费计算表。

(52) 月末，材料库转来领料单，根据领料单填制发料汇总表并进行账务处理。

原始凭证：领料单(19 张)、生产领用材料汇总表。

提示：企业发出存货采用的是月末一次加权平均法，平时车间领用材料时只需要办好相应审批手续后到仓库直接领用，月末时仓库将领料单汇总交财务部进行账务处理。

(53) 月末，计提本月职工福利费。

原始凭证：困难补助发放表、员工福利发放汇总表。

提示：按照本月实际发放的福利计提。

(54) 月末，按应收账款余额的 2%计提坏账准备。

原始凭证：坏账准备计算表。

(55) 月末，编制辅助生产车间制造费用分配表，分配并结转辅助生产车间的制造费用。

原始凭证：辅助生产车间制造费用分配表。

提示：辅助生产车间制造费用按车间生产工人工资比例分配。

(56) 月末，编制辅助生产车间生产成本分配表，分配并结转辅助生产成本。

原始凭证：辅助生产成本分配表(直接分配法)。

提示：辅助生产车间生产成本按直接分配法分配。假设一车间提供的总劳务数量为850，二车间提供的总劳务数量为680。

(57) 月末，编制基本生产车间制造费用分配表，分配并结转基本生产车间制造费用。

原始凭证：基本生产车间制造费用分配表。

提示：基本生产车间制造费用按生产工人工资比例分配。

(58) 月末，根据基本生产成本明细账有关资料编制产品成本计算表，结转完工产品成本。

原始凭证：产品成本计算表(2 张)、商品验收及入库单。

提示：采用约当产量法结转完工产品成本。

(59) 编制产品销售成本计算表，结转本月销售总成本。

原始凭证：产品销售成本计算表。

(60) 结转本月应交未交增值税。

原始凭证：增值税计算表。

(61) 计提本月应交的消费税。

原始凭证：消费税计算表。

提示：啤酒属应税消费品，适用税率为 250 元/吨，1 箱啤酒 10 瓶，每瓶净重 500 克，200 箱啤酒净重 1 吨。

(62) 计提本月应交的城建维护建设税及教育费附加。城市维护建设税的税率为 7%，教育费附加的征收率为 3%。

原始凭证：城建维护建设税及教育费附加计算表。

提示：以纳税人应缴的增值税、消费税税额为计税依据，按照规定税率计算。

(63) 结转本月收入。

提示：期末结转损益不需要原始凭证。

(64) 结转本月费用。

提示：期末结转损益不需要原始凭证。

(65) 计算并结转本月应交所得税。

原始凭证：所得税计算表。

提示：企业 1～11 月按照会计利润总额按月预缴企业所得税，假定全年纳税调整事项包括以下几方面。①应收账款坏账准备按实际发生的坏账扣除(坏账计提 148 400 元不得扣除)；②业务招待费按照发生额的 60%(669 175×0.6)扣除，最高不得超过当年销售收入的 5‰；③企业持有的交易性金融资产因公允价值变动而确认的公允价值变动损失 76 380 元应调增应纳税所得额。假定公司除以上事项外，没有其他的纳税调整事项，确认递延所得税只需要考虑交易性金融资产公允价值变动而导致的资产账面价值与计税基础产生的暂时性差异，不考虑资产减值导致的暂时性差异。

(66) 将本年利润转入利润分配-未分配利润。

提示：年末结账不需要原始凭证。

(67) 按全年净利润的 10%提取法定盈余公积金。

原始凭证：盈余公积计算表。

(68) 根据股东大会的决议，按净利润的 20%向投资者分配现金股利。股利发放日为 2011 年 2 月 15 日。

原始凭证：应付股利计算表。

提示：按投资者持有股份的比例分配现金股利。

(69) 将利润分配科目所属其他明细科目的余额，转入“利润分配-未分配利润”科目。

提示：年末结账不需要原始凭证。

(70) 编制科目汇总表，见表 4-9。

表 4-9

科 目 汇 总 表

20 年 月 日至 月 日

总账科目	借方发生额	贷方发生额	总账科目	借方发生额	贷方发生额
合计			合计		

提示：通过登记 T 字账编制科目汇总表，科目汇总只需要汇总总账科目。

(71) 编制 2010 年度利润表(见表 4-10)、资产负债表(见表 4-11)。

提示：从企业 2010 年 12 月初建账资料中获取相关数据。现金流量表(见表 4-12)的编制有一定的难度，部分学生可以尝试编制。

表 4-10

利 润 表

年 月

编制单位： 单位：元

项 目	本期金额	本年累计数
一、营业收入		
减：营业成本		
营业税金及附加		
销售费用		
管理费用		
财务费用		
资产减值损失		
加：公允价值变动收益(损失以“－”号填列)		
投资收益(损失以“－”号填列)		
其中，对联营企业和合营企业的投资收益		
二、营业利润(亏损以“－”号填列)		
加：营业外收入		
减：营业外支出		
其中，非流动资产处置损失		
三、利润总额(亏损以“－”号填列)		
减：所得税费用		
四、净利润(亏损以“－”号填列)		

表 4-11

资产负债表

年 月 日

编制单位： 单位：元

资 产	期末余额	年初余额	负债和所有者权益 (或股东权益)	期末余额	年初余额
流动资产：			流动负债：		
货币资金			短期借款		
交易性金融资产			交易性金融负债		
应收票据			应付票据		
应收账款			应付账款		
预付款项			预收款项		
应收利息			应付职工薪酬		
应收股利			应交税费		
其他应收款			应付利息		
存货			应付股利		
一年内到期的非流动性资产			其他应付款		
流动资产合计			一年内到期的非流动负债		
非流动性资产：			流动负债合计		
可供出售金融资产			非流动负债：		
持有至到期投资			长期借款		
长期应收款			应付债券		
长期股权投资			长期应付款		
投资性房地产			专项应付款		
固定资产			预计负债		
在建工程			递延所得税负债		
工程物资			其他非流动负债		
固定资产清理			非流动负债合计		
生产性生物资产			负债合计		
油气资产			所有者权益(或股东权益)：		
无形资产			实收资本(或股本)		
开发支出			资本公积		
商誉			减：库存股		
长期待摊费用			盈余公积		
递延所得税资产			未分配利润		
其他非流动资产			所有者权益(或股东权益)合计		
非流动资产合计					
资产总计			负债和所有者权益(或股东权益)总计		

表 4-12

现 金 流 量 表

年　　月

编制单位：　　　　　　　　　　　　　　　　　　　　　　单位：元

项　　目	行次	金　　额
一、经营活动产生的现金流量		
销售商品、提供劳务收到的现金	1	
收到的税费返还	3	
收到的其他与经营活动有关的现金	8	
经营活动现金流入小计	9	
购买商品、接受劳务支付的现金	10	
支付给职工以及为职工支付的现金	12	
支付的各项税费	13	
支付的其他与经营活动有关的现金	18	
经营活动现金流出小计	20	
经营活动产生的现金流量净额	21	
二、投资活动产生的现金流量		
收回投资所收到的现金	22	
取得投资收益所收到的现金	23	
处置固定资产、无形资产和其他长期资产所收回的现金净额	25	
收到的其他与投资活动有关的现金	28	
投资活动现金流入小计	29	
购建固定资产、无形资产和其他长期资产所支付的现金	30	
投资所支付的现金	31	
支付的其他与投资活动有关的现金	35	
投资活动现金流出小计	36	
投资活动产生的现金流量净额	37	
三、筹资活动产生的现金流量		
吸收投资所收到的现金	38	
借款所收到的现金	40	
收到的其他与筹资活动有关的现金	43	
筹资活动现金流入小计	44	
偿还债务所支付的现金	45	
分配股利、利润或偿付利息所支付的现金	46	
支付的其他与筹资活动有关的现金	52	
筹资活动现金流出小计	53	
筹资活动产生的现金流量净额	54	
四、汇率变动对现金及现金等价物的影响	55	
五、现金及现金等价物净增加额	56	
加：期初现金及现金等价物余额		
六、期末现金及现金等价物余额		

第 5 章　税款的申报及缴纳

5.1　纳税申报概述

纳税申报是指纳税人按照税法规定的期限和内容向税务机关提交有关纳税事项书面报告的法律行为，是纳税人履行纳税义务、承担法律责任的主要依据。

纳税申报的主要内容包括税种，税目，应纳税项目、应代扣代缴项目或者代收代缴税款项目，适用税率或者单位税额，计税依据，扣除项目及标准，应纳税额、应代扣代缴或者代收代缴税额，税款所属期限等。

纳税人办理纳税申报可以采取直接申报(由纳税人到税务机关报送纳税申报表及有关资料)、邮寄申报、网上申报等方式。网上申报是目前采用较普遍的方式。

纳税人办理纳税申报时，应当如实填报纳税申报表，并根据不同的情况相应报送下列证件及资料：财务会计报表及其说明材料；与纳税有关的合同、协议书及凭证；税控装置的电子报税资料；外出经营活动税收管理证明和异地完税凭证；境内或者境外公证机构出具的有关证明文件；税务机关规定应当报送的其他有关证件、资料。

5.2　流转税的申报及缴纳

1. 增值税的申报及缴纳

1) 纳税义务人

在中华人民共和国境内销售货物或者提供加工、修理修配劳务以及进口货物的单位和个人，为增值税的纳税义务人。按经营规模大小及会计核算健全与否将增值税的纳税义务人分为一般纳税人和小规模纳税人。

2) 增值税应纳税额的计算

(1) 一般纳税人。

应纳税额＝当期销项税额－当期进项税额

增值税销项税额是指纳税人销售货物或者提供应税劳务，按照销售额和规定的税率计算并向购买方收取的增值税额，其计算公式：销项税额＝销售额×税率。一般纳税人的税率有 3 档：17%、13%、0，国家另有规定的除外。

增值税进项税额为纳税人购进货物或者接受应税劳务支付或者负担的、准予抵扣的增值税额。

(2) 小规模纳税人。

小规模纳税人销售货物或者应税劳务，实行按销售额和征收率计算应纳税额的简易办法，不得抵扣进项税额。应纳税额计算公式：应纳税额＝销售额×征收率。小规模纳税人增值税的征收率目前为3%。

3) 纳税期限

增值税的纳税期限分别为1日、3日、5日、10日、15日、1个月或者1个季度。纳税人的具体纳税期限，由主管税务机关根据纳税人应纳税额的大小分别核定。不能按照固定期限纳税的，可以按次纳税。纳税人以1个月或者1个季度为1个纳税期的，自期满之日起15日内申报纳税；以1日、3日、5日、10日或者15日为1个纳税期的，自期满之日起5日内预缴税款，于次月1日起15日内申报纳税并结清上月应纳税款。纳税人进口货物，应当自海关填发海关进口增值税专用缴款书之日起15日内缴纳税款。

4) 纳税地点

固定业户应当向其机构所在地的主管税务机关申报纳税。总机构和分支机构不在同一县(市)的，应当分别向各自所在地的主管税务机关申报纳税；经国务院财政、税务主管部门或者其授权的财政、税务机关批准，可以由总机构汇总向总机构所在地的主管税务机关申报纳税。

固定业户到外县(市)销售货物或者应税劳务，应当向其机构所在地的主管税务机关申请开具外出经营活动税收管理证明，并向其机构所在地的主管税务机关申报纳税；未开具证明的，应当向销售地或者劳务发生地的主管税务机关申报纳税；未向销售地或者劳务发生地的主管税务机关申报纳税的，由其机构所在地的主管税务机关补征税款。

非固定业户销售货物或者应税劳务，应当向销售地或者劳务发生地的主管税务机关申报纳税；未向销售地或者劳务发生地的主管税务机关申报纳税的，由其机构所在地或者居住地的主管税务机关补征税款。

进口货物，应当向报关地海关申报纳税。

5) 申报缴纳流程

一般纳税人增值税的申报缴纳是个实务操作的过程，整个实务流程主要包括认证、抄税、报税、提交申报资料、缴纳税款5步。

(1) 进项税发票认证。纳税人发生采购原材料等业务时，取得增值税发票(进项)，每月月末要对进项税发票进行认证，将进项发票录入“增值税纳税申报系统——发票管理”中，每月20号至月末前一天进行增值税进项发票的网上认证工作。发票的认证可能会有不能通过认证的情况，不能通过认证的发票意味着此项购进业务不得抵扣进项税额。

(2) 销项税发票抄税。纳税人发生销售业务，在税控系统中开具增值税专用发票(销项)或普通发票。月末至下月初2号前进行汇总抄税，在开票系统中打印相关发票清单报表。

(3) 网上纳税申报。将“防伪税控一机多票开票子系统”中增值税发票销项数据导出，然后导入到“增值税纳税申报系统”中，同时，根据本月销项税额、进项税额、上月未抵扣的进项税额、经过认证的进项税额，进行相应的核算及处理，生成申报所需文件，在国税局网站上传申报文件，进行网上纳税申报。

(4) 提交申报资料。进行网上纳税申报之后，会计人员对纳税申报结果进行跟踪，最后在网上申报成功后于月初10号前打印申报报表，并到国税局提交纸质申报资料。

(5) 缴纳税款。按申报报表中的应纳增值税额缴纳税款。

2. 消费税的申报及缴纳

1) 纳税义务人

在中华人民共和国境内生产、委托加工和进口应税消费品的单位和个人，以及国务院确定的销售《中华人民共和国消费税暂行条例》规定的消费品的其他单位和个人，为消费税的纳税人。

2) 消费税应纳税额的计算

消费税实行从价定率、从量定额，或者从价定率和从量定额复合计税的办法计算应纳税额。应纳税额计算公式：

实行从价定率办法计算应纳税额＝销售额×比例税率

实行从量定额办法计算应纳税额＝销售数量×定额税率

实行复合计税办法计算应纳税额＝销售额×比例税率＋销售数量×定额税率

纳税人销售的应税消费品，以人民币计算销售额。纳税人以人民币以外的货币结算销售额的，应当折合成人民币计算。消费税税率见表5-1。

表5-1　消费税税率表

税　目	税　率
一、烟	
(一)生产环节	
1.卷烟	
(1) 甲类卷烟(每标准条调拨价≥70元)	56%加0.003元/支(生产环节)
(2) 乙类卷烟(每标准条调拨价＜70元)	36%加0.003元/支(生产环节)
2.雪茄烟	36%
3.烟丝	30%
(二)批发环节	5%
二、酒及酒精	
1.白酒	20%加0.5元/500克(或者500毫升)
2.黄酒	240元/吨
3.啤酒	
(1) 甲类啤酒	250元/吨
(2) 乙类啤酒	220元/吨
4.其他酒	10%
5.酒精	5%
三、化妆品	30%
四、贵重首饰及珠宝玉石	
1.金银首饰、铂金首饰、钻石及钻石饰品	5%
2.其他贵重首饰和珠宝玉石	10%
五、鞭炮、焰火	15%
六、成品油	
1.汽油	
(1) 含铅汽油	0.28元/升
(2) 无铅汽油	0.20元/升
2.柴油	0.10元/升
3.航空煤油	0.10元/升

续表

税　　目	税　　率
4.石脑油	0.20 元/升
5.溶剂油	0.20 元/升
6.润滑油	0.20 元/升
7.燃料油	0.10 元/升
七、汽车轮胎	3%
八、摩托车	
1.气缸容量在 250 毫升(含 250 毫升)以下的	3%
2.气缸容量在 250 毫升以上的	10%
九、小汽车	
1.乘用车	
(1) 气缸容量在 1.0 升(含 1.0 升)以下的	1%
(2) 气缸容量在 1.0～1.5 升(含 1.5 升)的	3%
(3) 气缸容量在 1.5～2.0 升(含 2.0 升)的	5%
(4) 气缸容量在 2.0～2.5 升(含 2.5 升)的	9%
(5) 气缸容量在 2.5～3.0 升(含 3.0 升)的	12%
(6) 气缸容量在 3.0～4.0 升(含 4.0 升)的	25%
(7) 气缸容量在 4.0 升以上的	40%
2.中轻型商用客车	5%
十、高尔夫球及球具	10%
十一、高档手表	20%
十二、游艇	10%
十三、木制一次性筷子	5%
十四、实木地板	5%

3) 纳税期限

消费税的纳税期限分别为 1 日、3 日、5 日、10 日、15 日、1 个月或者 1 个季度。纳税人的具体纳税期限，由主管税务机关根据纳税人应纳税额的大小分别核定；不能按照固定期限纳税的，可以按次纳税。纳税人以 1 个月或者 1 个季度为 1 个纳税期的，自期满之日起 15 日内申报纳税；以 1 日、3 日、5 日、10 日或者 15 日为 1 个纳税期的，自期满之日起 5 日内预缴税款，于次月 1 日起 15 日内申报纳税并结清上月应纳税款。纳税人进口应税消费品，应当自海关填发海关进口消费税专用缴款书之日起 15 日内缴纳税款。

4) 纳税地点

纳税人销售应税消费品，以及自产自用应税消费品，除国务院财政、税务主管部门另有规定外，应当向纳税人机构所在地或者居住地的主管税务机关申报纳税。

委托加工应税消费品，除受托方为个人外，由受托方向机构所在地或者居住地的主管税务机关解缴消费税税款。委托个人加工的应税消费品，由委托方向其机构所在地或者居住地的主管税务机关申报纳税。

进口应税消费品，应当向报关地海关申报纳税。

纳税人到外县(市)销售或者委托外县(市)代销自产应税消费品的，于应税消费品销售后，向机构所在地或者居住地的主管税务机关申报纳税。

纳税人的总机构与分支机构不在同一县(市)的，应当分别向各自机构所在地的主管税务机关申报纳税；经财政部、国家税务总局或者其授权的财政、税务机关批准，可以由总机构汇总向总机构所在地的主管税务机关申报纳税。

3. 营业税的申报及缴纳

1) 纳税义务人

在中华人民共和国境内提供应税劳务、转让无形资产或者销售不动产的单位和个人，为营业税的纳税义务人。

2) 营业税应纳税额的计算

纳税人提供应税劳务、转让无形资产或者销售不动产，按照营业额和规定的税率计算应纳税额。应纳税额计算公式：

应纳税额＝营业额×适用税率

营业税税率见表5-2。

表5-2　营业税税率表

税　目	税　率
一、交通运输业	3%
二、建筑业	3%
三、金融保险业	5%
四、邮电通信业	3%
五、文化体育业	3%
六、娱乐业	5%～20%
七、服务业	5%
八、转让无形资产	5%
九、销售不动产	5%

3) 纳税期限

营业税的纳税期限分别为5日、10日、15日、1个月或者1个季度。纳税人的具体纳税期限由主管税务机关根据纳税人应纳税额的大小分别核定；不能按照固定期限纳税的，可以按次纳税。纳税人以1个月或者1个季度为1个纳税期的，自期满之日起15日内申报纳税；以5日、10日或者15日为1个纳税期的，自期满之日起5日内预缴税款，于次月1日起15日内申报纳税并结清上月应纳税款。

4) 纳税地点

纳税人提供应税劳务，应当向其机构所在地或者居住地的主管税务机关申报纳税。但是，纳税人提供的建筑业劳务以及国务院财政、税务主管部门规定的其他应税劳务，应当向应税劳务发生地的主管税务机关申报纳税。

纳税人转让无形资产应当向其机构所在地或者居住地的主管税务机关申报纳税。但是，纳税人转让、出租土地使用权，应当向土地所在地的主管税务机关申报纳税；纳税人销售、出租不动产，应当向不动产所在地的主管税务机关申报纳税。

5.3 所得税的申报及缴纳

5.3.1 企业所得税的申报及缴纳

1. 纳税义务人

在中华人民共和国境内，企业和其他取得收入的组织(以下统称企业)为企业所得税的纳税义务人。企业分为居民企业和非居民企业。

居民企业，是指依法在中国境内成立，或者依照外国(地区)法律成立但实际管理机构在中国境内的企业。居民企业应当就其来源于中国境内、境外的所得缴纳企业所得税。

非居民企业，是指依照外国(地区)法律成立且实际管理机构不在中国境内，但在中国境内设立机构、场所的，或者在中国境内未设立机构、场所，但有来源于中国境内所得的企业。非居民企业在中国境内设立机构、场所的，应当就其所设机构、场所取得的来源于中国境内的所得，以及发生在中国境外但与其所设机构、场所有实际联系的所得，缴纳企业所得税；非居民企业在中国境内未设立机构、场所的，或者虽设立机构、场所但取得的所得与其所设机构、场所没有实际联系的，应当就其来源于中国境内的所得缴纳企业所得税。

2. 企业所得税应纳税额的计算

企业每一纳税年度的收入总额，减除不征税收入、免税收入、各项扣除以及允许弥补的以前年度亏损后的余额，为应纳税所得额。应纳税额计算公式：

应纳税额＝应纳税所得额×适用税率－减免税额－抵免税额

企业所得税的税率的具体规定如下。

(1) 居民企业及在中国境内设立机构、场所的非居民企业的所得税税率为25%。

(2) 符合条件的小型微利企业、非居民企业在中国境内未设立机构、场所的，或者虽设立机构、场所但取得的所得与其所设机构、场所没有实际联系的所得税税率为20%。

(3) 国家需要重点扶持的高新技术企业的所得税税率为15%。

3. 纳税期限

企业所得税分月或者分季预缴。企业应当自月份或者季度终了之日起15日内，向税务机关报送预缴企业所得税纳税申报表，预缴税款。年度终了，企业应当在税务机关规定的时间内，向税务机关报送年度企业所得税纳税申报表，并汇算清缴，结清应缴、应退税款。企业在年度中间终止经营活动的，应当自实际经营终止之日起60日内，向税务机关办理当期企业所得税汇算清缴。企业应当在办理注销登记前，就其清算所得向税务机关申报并依法缴纳企业所得税。

4. 纳税地点

除税收法律、行政法规另有规定外，居民企业以企业登记注册地为纳税地点；但登记注册地在境外的，以实际管理机构所在地为纳税地点。居民企业在中国境内设立不具有法人资格的营业机构的，应当汇总计算并缴纳企业所得。

非居民企业在中国境内设立机构、场所的，其所设机构、场所取得的来源于中国境内的所得，以及发生在中国境外但与其所设机构、场所有实际联系的所得，以机构、场所所在地为纳税地点；非居民企业在中国境内设立两个或者两个以上机构、场所的，经税务机关审核批准，可以选择由其主要机构、场所汇总缴纳企业所得税；非居民企业在中国境内未设立机构、场所的，或者虽设立机构、场所但取得的所得与其所设机构、场所没有实际联系的，以扣缴义务人所在地为纳税地点。

5.3.2 个人所得税的申报及缴纳

1. 纳税义务人

在中华人民共和国境内有住所或者无住所但在境内居住满 1 年的个人，从我国境内和境外取得的所得；在我国境内无住所又不居住或者无住所而在境内居住不满 1 年的个人，从中国境内取得的所得，应依照《中华人民共和国个人所得税法》的规定缴纳个人所得税。

2. 个人所得税应纳税额的计算

个人所得税的应税项目包括工资、薪金所得；个体工商户的生产、经营所得；对企事业单位的承包经营、承租经营所得；劳务报酬所得；稿酬所得；特许权使用费所得；利息、股息、红利所得；财产租赁所得；财产转让所得；偶然所得；经国务院财政部门确定征税的其他所得。

计算个人所得税应纳税所得额需按不同应税项目分项计算。以某项应税项目的收入减去税法规定的该项费用减除标准后的余额，为该应税项目应纳税所得额。本书仅介绍工资、薪金所得应纳个人所得税额的计算。

工资、薪金所得，以每月收入额减除费用扣除标准 3 500 元后的余额为应纳税所得额。

应纳税额＝应纳税所得额×适用税率－速算扣除数

工资、薪金所得，适用七级超额累进税率，税率为 3%～45%(工资、薪金所得个人所得税税率表见表 5-3)。

表 5-3 工资、薪金所得个人所得税税率表

级　数	全月应纳税所得额	税率/%	速算扣除数
1	不超过 1 500 元的	3	0
2	1 500～4 500 元的部分	10	105
3	4 500～9 000 元的部分	20	555
4	9 000～35 000 元的部分	25	1 005
5	35 000～55 000 元的部分	30	2 755
6	55 000～80 000 元的部分	35	5 505
7	超过 80 000 元的部分	45	13 505

3. 纳税期限

扣缴义务人每月应自行申报应纳的税款，在次月 15 日内缴入国库，并向税务机关报送纳税申报表。

工资、薪金所得应纳的税款，按月计征，由扣缴义务人或者纳税义务人在次月 15 日内缴入国库，并向税务机关报送纳税申报表。特定行业的工资、薪金所得应纳的税款，可以以按年计算、分月预缴的方式计征，具体办法由国务院规定。

个体工商户的生产、经营所得应纳的税款，按年计算，分月预缴，由纳税义务人在次月 15 日内预缴，年度终了后 3 个月内汇算清缴，多退少补。

对企事业单位的承包经营、承租经营所得应纳的税款，按年计算，由纳税义务人在年度终了后 30 日内缴入国库，并向税务机关报送纳税申报表。纳税义务人在 1 年内分次取得承包经营、承租经营所得的，应当在取得每次所得后的 15 日内预缴，年度终了后 3 个月内汇算清缴，多退少补。

从中国境外取得所得的纳税义务人，应当在年度终了后 30 日内，将应纳的税款缴入国库，并向税务机关报送纳税申报表。

4. 纳税地点

个人所得税，以所得人为纳税义务人，以支付所得的单位或者个人为扣缴义务人。扣缴义务人应当按照规定到主管税务机关办理纳税申报。个人所得超过国务院规定数额的，在两处以上取得工资、薪金所得或者没有扣缴义务人的，以及具有国务院规定的其他情形的，纳税义务人应当按照国家相关规定办理纳税申报。

5.4 附加税费的申报及缴纳

5.4.1 城市维护建设税的申报及缴纳

1. 纳税义务人

缴纳增值税、消费税、营业税的单位和个人，为城市维护建设税的纳税义务人，不包括外商投资企业、外国企业和外国人。

2. 城市维护建设税应纳税额的计算

城市维护建设税以纳税人缴纳的增值税、消费税和营业税税额为计税依据，按照规定税率计算应纳税额。应纳税额计算公式：

应纳税额＝计税依据×适用税率

城市维护建设税税率：纳税人所在地在市区的，税率为 7%；纳税人所在地在县城、镇的，税率为 5%；纳税人所在地不在市区、县城或镇的，税率为 1%。

3. 纳税期限和纳税地点

城市维护建设税的征收管理、缴纳等事项，比照增值税、消费税、营业税的相关规定进行办理，纳税期限和地点与增值税、消费税、营业税是一致的。

5.4.2 教育费附加的申报及缴纳

1. 征收对象

教育费附加是对缴纳增值税、消费税、营业税的单位和个人，就其实际缴纳的税额为计算依据征收的一种附加费。

2. 教育费附加的计算

教育费附加以纳税人缴纳的增值税、消费税和营业税税额为计税依据，按照规定税率计算。应纳税额计算公式：

$$教育费附加=计税依据\times适用税率$$

教育费附加税率：教育费附加，税率为3%；地方教育费附加，税率为2%。

3. 纳税期限和纳税地点

教育费附加的征收管理、缴纳等事项，比照增值税、消费税、营业税的相关规定进行办理，纳税期限和地点与增值税、消费税、营业税是一致的。

实训：纳税申报实训

实训目的

通过实训，了解我国现行的税收征收管理办法，熟悉税种的设置，掌握增值税、营业税、企业所得税、城市维护建设税、教育费附加的计算、申报及缴纳。

实训设计

(1) 实训时间安排：3学时。

(2) 实训人员安排：与会计核算实训一致，可以分组进行，也可以由一人独立完成。

(3) 实训材料：增值税纳税申报表、消费税纳税申报表、企业所得税纳税申报表、城市维护建设税及教育费附加纳税申报表。

实训内容

分析模拟企业所涉及的税种，计算企业2010年12月应缴纳的各项税费，填制企业增值税、消费税、企业所得税、城建税、教育费附加申报表。

提示：增值税、消费税、企业所得税申报表包括主表和附表，由于附表较多，只要求填制主表。增值税纳税申报表见表5-4；消费税纳税申报表见表5-5；中华人民共和国企业所得税年度纳税申报表(A类)见表5-6；城市维护建设税、教育费附加申报表见表5-7。

表 5-4 增值税纳税申报表

(适用于增值税一般纳税人)

根据《中华人民共和国增值税暂行条例》第二十二条和第二十三条的规定制定本表。纳税人无论有无销售额，均应按主管税务机关核定的纳税期限按期填报本表，并于次月 1 日起 10 日内，向当地税务机关申报。

税款所属时间：自　　年　　月　　日至　　年　　月　　日　　填表日期：　　年　　月　　日

金额单位：元至角分

纳税人识别号					所属行业：		
纳税人名称	（公章）	法定代表人姓名		注册地址		营业地址	
开户银行及账号		企业登记注册类型				电话号码	

项目		栏次	一般货物及劳务		即征即退货物及劳务	
			本月数	本年累计	本月数	本年累计
销售额	（一）按适用税率征税货物及劳务销售额	1				
	其中：应税货物销售额	2				
	应税劳务销售额	3				
	纳税检查调整的销售额	4				
	（二）按简易征收办法征税货物销售额	5				
	其中：纳税检查调整的销售额	6				
	（三）免、抵、退办法出口货物销售额	7			—	—
	（四）免税货物及劳务销售额	8			—	—
	其中：免税货物销售额	9			—	—
	免税劳务销售额	10			—	—
税款计算	销项税额	11				
	进项税额	12				
	上期留抵税额	13		—		—
	进项税额转出	14				
	免抵退货物应退税额	15			—	—
	按适用税率计算的纳税检查应补缴税额	16			—	—
	应抵扣税额合计	17(12＋13－14－15＋16)		—		—
	实际抵扣税额	18（如 17＜11，则为 17，否则为 11）				
	应纳税额	19(11－18)				
税款计算	期末留抵税额	20(17－18)		—		—
	简易征收办法计算的应纳税额	21				
	按简易征收办法计算的纳税检查应补缴税额	22			—	—
	应纳税额减征额	23				
	应纳税额合计	24(19＋21－23)				

续表

纳税人识别号				所属行业：		
纳税人名称	（公章）	法定代表人姓名		注册地址	营业地址	
开户银行及账号		企业登记注册类型			电话号码	

项目		栏次	一般货物及劳务		即征即退货物及劳务	
			本月数	本年累计	本月数	本年累计
税款缴纳	期初未缴税额（多缴为负数）	25				
	实收出口开具专用缴款书退税额	26			—	—
	本期已缴税额	27(28+29+30+31)				
	①分次预缴税额	28		—		—
	②出口开具专用缴款书预缴税额	29		—	—	—
	③本期缴纳上期应纳税额	30				
	④本期缴纳欠缴税额	31				
	期末未缴税额（多缴为负数）	32(24+25+26−27)				
	其中：欠缴税额（≥0）	33(25+26−27)		—		—
	本期应补(退)税额	34(24−28−29)		—		—
	即征即退实际退税额	35	—	—		
	期初未缴查补税额	36			—	—
	本期入库查补税额	37			—	—
	期末未缴查补税额	38(16+22+36−37)			—	—

授权声明	申报人声明
如果你已委托代理人申报，请填写下列资料： 为代理一切税务事宜，现授权__________（地址）__________________为本纳税人的代理申报人，任何与本申报表有关的往来文件，都可寄予此人。 授权人签字：	此纳税申报表是根据《中华人民共和国增值税暂行条例》的规定填报的，我相信它是真实的、可靠的、完整的。 声明人签字：

以下由税务机关填写：

收到日期：　　　　接收人：　　　　主管税务机关盖章：

表 5-5　消费税纳税申报表

税款所属期：　　　年　　月　　日至　　　年　　月　　日

纳税人名称(公章)：　　　　税人识别号：□□□□□□□□□□□□□□□□□□□□

填表日期：　　　年　　月　　日　　　　　　　　　　金额单位：元(列至角分)

项目 应税消费品名称	适用税率	销售数量	销售额	应纳税额
合计	—	—	—	

	声明 **此纳税申报表是根据国家税收法律的规定填报的，我确定它是真实的、可靠的、完整的。**
本期准予抵减税额：	
本期减(免)税额：	经办人(签章)：
期初未缴税额：	财务负责人(签章)： 联系电话：
本期缴纳前期应纳税额：	(如果你已委托代理人申报，请填写) **授权声明**
本期预缴税额：	
本期应补(退)税额：	为代理一切税务事宜，现授权________ (地址)　　　　　　　　为本纳税人的代理申报人，任何与本申报表有关的往来文件，都可寄予此人。
期末未缴税额：	授权人签章：

以下由税务机关填写

受理人(签章)：　　　　　受理日期：　　年　　月　　日　　受理税务机关(章)：

表 5-6　中华人民共和国企业所得税年度纳税申报表(A 类)

税款所属期间：　　　　年　　月　　日至　　　年　　月　　日

纳税人名称：

纳税人识别号：□□□□□□□□□□□□□□□□□□□□　　　　金额单位：元(列至角分)

类别	行次	项　目	金　额
利润总额计算	1	一、营业收入	
	2	减：营业成本	
	3	营业税金及附加	
利润总额计算	4	销售费用	
	5	管理费用	
	6	财务费用	
	7	资产减值损失	
	8	加：公允价值变动收益	
	9	投资收益	
	10	二、营业利润	
	11	加：营业外收入	
	12	减：营业外支出	
	13	三、利润总额(10＋11－12)	
应纳税所得额计算	14	加：纳税调整增加额	
	15	减：纳税调整减少额	
	16	其中：不征税收入	
	17	免税收入	
	18	减计收入	
	19	减、免税项目所得	
	20	加计扣除	
	21	抵扣应纳税所得额	
	22	加：境外应税所得弥补境内亏损	
	23	纳税调整后所得(13＋14－15＋22)	
	24	减：弥补以前年度亏损	
	25	应纳税所得额(23－24)	
应纳税额计算	26	税率(25%)	
	27	应纳所得税额(25×26)	
	28	减：减免所得税额	
	29	减：抵免所得税额	
	30	应纳税额(27－28－29)	
	31	加：境外所得应纳所得税额	
	32	减：境外所得抵免所得税额	
	33	实际应纳所得税额(30＋31－32)	
	34	减:本年累计实际已预缴的所得税额	
	35	其中:汇总纳税的总机构分摊预缴的税额	
	36	汇总纳税的总机构财政调库预缴的税额	
	37	汇总纳税的总机构所属分支机构分摊的预缴税额	
	38	合并纳税(母子体制)成员企业就地预缴比例	
	39	合并纳税企业就地预缴的所得税额	
	40	本年应补(退)的所得税额(33－34)	
附列资料	41	以前年度多缴的所得税额在本年抵减额	
	42	以前年度应缴未缴在本年入库所得税额	

纳税人公章： 经办人： 申报日期：　　年　　月　　日	代理申报中介机构公章： 经办人及执业证件号码： 代理申报日期：　　年　　月　　日	主管税务机关受理专用章： 受理人： 受理日期：　　年　　月　　日

表 5-7　城市维护建设税、教育费附加申报表

微机编码：　　　　　　　　　　　　档案号：　　　　　　　　　　　　金额单位：元

<table>
<tr><td colspan="2">纳税人名称</td><td></td><td>纳税人地址</td><td></td><td>隶属</td><td></td></tr>
<tr><td colspan="2">经济性质</td><td></td><td>税务登记证号</td><td></td><td colspan="2"></td></tr>
<tr><td colspan="2">税款所属日期</td><td></td><td>电话</td><td></td><td>法人代表</td><td></td></tr>
<tr><td colspan="2">计税依据</td><td colspan="2">增　值　税</td><td>消　费　税</td><td colspan="2">合　计</td></tr>
<tr><td rowspan="4">城市维护建设税</td><td>计税金额</td><td colspan="2"></td><td></td><td colspan="2"></td></tr>
<tr><td>税　率</td><td colspan="2">7%</td><td></td><td colspan="2"></td></tr>
<tr><td>应纳税额</td><td colspan="2"></td><td></td><td colspan="2"></td></tr>
<tr><td>实纳税额</td><td colspan="2"></td><td></td><td colspan="2"></td></tr>
<tr><td rowspan="4">教育费附加</td><td>计税金额</td><td colspan="2"></td><td></td><td colspan="2"></td></tr>
<tr><td>税　率</td><td colspan="2">3%</td><td></td><td colspan="2"></td></tr>
<tr><td>应纳税额</td><td colspan="2"></td><td></td><td colspan="2"></td></tr>
<tr><td>实纳税额</td><td colspan="2"></td><td></td><td colspan="2"></td></tr>
<tr><td colspan="2">会计主管（盖章）

年　月　日</td><td colspan="2">经办人（盖章）

年　月　日</td><td>纳税人（单位）
（盖章）
年　月　日</td><td colspan="2">税务机关受理
签字：
年　月　日</td></tr>
</table>

注：1. 本表适用于天津市缴纳增值税、消费税及其附加税费的纳税人填报。

2. 纳税人所在地在市区的，城建税税率为 7%（含塘沽、汉沽、大港区、新四区、宝坻、武青区、开发区及保税区）；纳税人所在地在县城、镇的城建税税率为 5%；纳税人所在地不在市区、县城、镇的城建税税率为 1%。

3. 本表一式二联，第一联纳税人保存；第二联为收执联，由税务机关留存。

第 6 章 财务报表分析

6.1 财务报表分析的内容、意义和原则

6.1.1 财务报表分析的内容和意义

1. 财务报表分析的含义

财务报表分析是指利用财务报表及其他有关资料，采用科学的方法对企业过去的财务状况、经营成果和现金流量进行比较、评价，以利于财务报表使用者掌握企业财务情况，进行经营决策的一项管理工作。

2. 财务报表分析的内容

财务报表分析的内容主要取决于信息需求者的要求。比较常见的财务报表分析主要有以下内容。

1) 偿债能力分析

偿债能力是指企业偿还到期债务的能力。偿债能力包括短期偿债能力和长期偿债能力。偿债能力分析就是通过对企业变现能力和债权物质保障程度的分析研究，判断企业偿还到期债务能力的强弱。

2) 营运能力分析

企业的营运能力是通过资产的运作体现出来的。企业的营运能力包括各项资产的使用效果、资金周转的快慢以及挖掘资金的潜力。通过对企业营运能力的分析，可以为经营管理者提供企业实际营运状况的财务信息，为改善企业财务状况、提高资产的使用效率、促进企业发展提供支持。

3) 盈利能力分析

盈利能力是指企业获取利润的能力，能够反映企业的经营成果和经营绩效。盈利能力分析主要是通过将资产、负债、所有者权益与经营成果相结合来分析企业的获利能力。

4) 现金流量分析

现金流量分析主要是通过现金流量的结构分析、流动性分析、获取现金能力分析、财务弹性分析、收益质量分析等 5 个方面来进行的。通过分析可以了解企业的财务状况和经营成果，发现和揭示企业在现金流转方面存在的问题，预测企业未来现金流量，为科学决策提供必要的信息。

3. 财务报表分析的意义

(1) 财务报表分析有利于报表使用人正确评价企业的财务状况和经营成果，改善经营

管理。财务报表分析是评价企业财务状况、衡量企业经营业绩的重要依据。通过对企业财务报表进行分析，可以了解企业的偿债能力、营运能力、盈利能力和发展能力，便于企业管理者及其他报表使用人了解企业的财务状况和经营成果，合理评价经营者的工作业绩，促使经营者不断改善经营管理。

(2) 预测企业未来的报酬和风险，为投资人、债权人等报表使用者的决策提供帮助。通过对财务会计报表的分析，可以了解企业获利的高低、偿债能力的强弱及营运能力的大小，预测企业未来的报酬和风险，从而为报表使用者的决策提供必要的信息支持。

(3) 有利于企业实现理财目标。企业理财的根本目标是实现企业价值最大化。通过对财务指标的计算和分析，了解企业的盈利能力和资产周转状况，不断挖掘企业潜力，充分认识未被利用的人力资源和物质资源，发现进一步提高资产利用效率的可能性，促进企业生产经营活动按照企业价值最大化的目标实现良性运行。

6.1.2 财务报表分析的原则

1. 有用性原则

财务报表分析的有用性原则也称相关性原则，是由财务报表分析的日的决定的。有用性原则与财务报表分析者的目的密切相关。例如，债权人关注的主要是企业偿债能力方面的分析；投资人关注的是企业盈利能力方面的信息；企业管理者关注的信息则涉及财务报表分析的各个方面。因此，有用性原则是财务报表分析的前提和基础。

2. 可理解性原则

财务报表分析的结果应直观、明确、易于理解。该原则要求企业在财务报表分析过程中尽量采取通用的方法和指标，如果选用特殊的方法和指标，应进行注明和解释，以便于报表使用者理解。

3. 定量分析与定性分析相结合的原则

财务报表分析既要进行定量分析也要注重定性分析。没有定量分析就无法判断事物发展的程度、数量界限、阶段性和特殊性，没有定性分析就无法判断事物的性质、趋势及其与其他事物的关联性。只有将定量分析和定性分析有机结合，才能得出科学、合理的结论。

4. 客观性、全面性、联系性、发展性相结合的原则

在进行财务报表分析时，应以实际发生的经济业务为依据，用客观的、全面的、联系的、发展的观点来看待问题，避免用片面的、静止的观点来分析问题。因此，财务报表分析既要坚持实事求是、反映客观情况，又要全面看问题、坚持一分为二；既要注重事物之间的联系，又要发展地看问题，注意过去、现在和未来的关系。

6.2 财务报表分析的基本方法

进行财务报表分析需要运用一定的方法。财务报表分析的方法很多，以下介绍常用的

比率分析法和比较分析法。

6.2.1 比率分析法

比率分析法是把同一张报表中的相关的但不相同的项目或者两张不同的财务报表之间的相关项目进行比较，用比率的形式揭示存在相关关系的项目之间的逻辑关系，并以此来评价企业的财务状况、经营绩效和现金流量状况等。总结和评价企业财务状况与经营成果的比率指标包括偿债能力分析指标、营运能力分析指标、盈利能力分析指标和现金流量分析指标。

1. 偿债能力分析指标

偿债能力分析指标包括短期偿债能力衡量指标和长期偿债能力衡量指标。企业短期偿债能力衡量指标主要有流动比率、速动比率和现金流动负债比率等。企业长期偿债能力衡量指标主要有资产负债率、产权比率、利息保障倍数等。

1) 流动比率

流动比率是流动资产与流动负债的比率，它表明了企业每一元流动负债有多少流动资产作为偿还的保证，可以反映企业用可在短期内转变为现金的流动资产偿还到期流动负债的能力。其计算公式为

流动比率＝流动资产 / 流动负债

一般情况下，流动比率越高，企业短期偿债能力就越强，债权人的权益就越有保证。国际上通常认为，流动比率的下限为100%；而流动比率等于200%时较为适当，它表明企业财务状况稳定可靠，除了可以满足日常生产经营的流动资金需要外，还有足够的财力偿付到期短期债务。如果比例过低，则表示企业可能捉襟见肘，难以如期偿还债务。但是，流动比率也不能过高，过高则表明流动资产占用较多，会影响资金的使用效率和企业筹资成本，从而影响获利能力。究竟应保持多高水平的比率，这取决于企业对待风险和收益的态度。

2) 速动比率

速动比率是企业速动资产与流动负债的比率。所谓速动资产，是指流动资产减去变现能力较差且不稳定的存货、待处理流动资产损失等的余额。由于剔除了存货等变现能力较弱且不稳定的资产，因此，速动比率较之流动比率可以更加准确、可靠地评价企业资产的流动性及其偿还短期负债的能力，其计算公式为

速动比率＝速动资产 / 流动负债

速动资产是指不需要变现或变现过程较短，可以很快用来偿还流动负债的流动资产，包括货币资金、短期投资、应收账款等。因此，速动比率是评价企业流动资产中可以很快变现用于偿付短期偿债能力的指标，是对流动比率的补充。一般而言，1∶1 的速动比率是合理的。如果速动比率大于 1，说明企业有足够的能力偿还短期债务，同时也表明企业拥有较多的不能盈利的现款和应收账款。此时，尽管债务偿还的安全性很高，但却会因企业资金及应收账款资金占用过多而大大增加企业的机会成本。

3) 现金流动负债比率

现金流动负债比率是企业一定时期的现金净流量同流动负债的比率，它可以从现金流量角度来反映企业当期偿付短期负债的能力。它是评价企业用流动资产中的现款和短期有价证券偿还流动负债能力的指标，是流动比率的辅助指标，其计算公式为

现金流动负债比率＝年经营现金净流量／年末流动负债

式中，年经营现金净流量指一定时期内由企业经营活动所产生的现金及其等价物的流入量与流出量的差额。该指标是分析企业流动资产中现金、银行存款和短期有价证券用于偿付流动负债的指标，较之于流动比率和速动比率更为严格，因为现金资产是企业偿还债务的最终手段。一般而言，现金流动负债比率在 0.2 以上为宜，表明企业经营活动产生的现金净流量较多，能够保障企业按时偿还到期债务。但现金流动负债比率并不是越大越好，太大则表示企业流动资金利用不充分，收益能力不强。因此，采用现金流动负债比率分析企业短期偿债能力时应与流动比率、速动比率结合起来。

4) 资产负债率

资产负债率又称负债比率，是企业负债总额与资产总额的比率。它表明企业资产总额中，债权人提供资金所占的比重，以及企业资产对债权人权益的保障程度，其计算公式为

资产负债率＝负债总额／资产总额

这一比率越小表明企业的长期偿债能力越强。如果此项比率较大，意味着举债经营程度越高，在投资收益率高于借债利息率的前提下，带给企业的财务杠杆利益越大，会使所有者报酬率增大，但筹资风险也会增大，过度举债经营可能会导致企业因资不抵债而破产。

5) 产权比率

产权比率是指负债总额与所有者权益的比率，是企业财务结构稳健的重要标志，也称资本负债率。它可以反映企业所有者权益对债权人权益的保障程度。该指标越低，表明企业长期偿债能力越强，债权人权益的保障程度越高，反之则越低，其计算公式为

产权比率＝负债总额／所有者权益

在运用产权比率进行分析时，应注意产权比率实际上是财务杠杆比率，也就是狭义的资本结构，因此，产权比率可以反映企业的资本结构状况。评价产权比率适度与否时，应从提高获利能力与增强偿债能力两个方面综合进行，即在保障债务偿还安全的前提下，应尽可能提高产权比率。

6) 利息保障倍数

利息保障倍数是指企业息税前利润与利息支出的比率，它可以反映获利能力对债务偿付的保障程度，其计算公式为

利息保障倍数＝息税前利润／利息支出

息税前利润是指企业在支付利息和交纳所得税之前的利润。利息支出应包括企业在生产经营过程中实际支出的借款利息、债券利息等。该指标不仅可以反映企业获利能力的大小，还可以反映获利能力对偿还到期债务的保证程度。它既是企业举债经营的前提依据，也是衡量企业长期偿债能力的重要标志。从长期看，利息保障倍数应当大于 1，且比值越高，企业长期偿债能力一般也就越强。如果利息保障倍数过小，企业将面临亏损、偿债的安全性与稳定性下降的风险。究竟企业利息保障倍数应是利息的多少倍才算偿付能力强，

要根据历史经验并结合行业特点来判断。

2. 营运能力分析指标

营运能力分析主要包括流动资产营运能力分析、固定资产营运能力分析、总资产营运能力分析。反映流动资产周转情况的指标主要有应收账款周转率和存货周转率，反映固定资产营运能力的指标主要是固定资产周转率，反映总资产营运能力的指标主要是总资产周转率。

1) 应收账款周转率

应收账款周转率是一定时期内商品或产品主营业务收入净额与平均应收账款余额的比值，是反映应收账款周转速度的指标，包括应收账款周转次数和应收账款周转天数，其计算公式为

应收账款周转次数＝主营业务收入净额 / 平均应收账款余额

应收账款周转天数＝(平均应收账款余额×360) / 主营业务收入净额

其中，

主营业务收入净额＝主营业务收入－销售折扣与折让

平均应收账款余额＝(应收账款年初数＋应收账款年末数) / 2

应收账款周转率可以反映企业应收账款变现速度的快慢及管理效率的高低。应收账款周转次数多或应收账款周转天数少表明应收账款周转率高，企业收回应收账款的速度快，造成坏账损失的风险小，流动资产流动性好，短期偿债能力强。反之，则表示企业收回应收账款的速度慢，造成坏账损失的风险大，流动资产流动性差，短期偿债能力弱。

2) 存货周转率

存货周转率是一定时期内企业销货成本与存货平均资金占用额的比率，是反映企业流动资产流动性的一项指标，也是衡量企业生产经营各环节中存货运营效率的一项综合指标，包括存货周转次数和存货周转天数，其计算公式为

存货周转次数＝销货成本 / 平均存货

平均存货＝(存货期初数＋存货期末数) / 2

存货周转天数＝360 / 存货周转次数

存货周转率是从存货变现角度来分析企业的销售能力及存货适量程度的。存货周转次数多或存货周转天数少表明存货周转率高。一般而言，存货周转率越高越好。存货周转率越高，表明其变现的速度越快，说明企业销售能力越强，营运资金压在存货上的量越小。反之，存货周转速度越慢，表明其变现的速度越慢，说明企业销售能力越弱，存货积压，营运资金压在存货上的量越大。衡量和评价存货周转率没有一个绝对的标准，因行业而异。

3) 固定资产周转率

固定资产周转率是企业年销售收入净额与固定资产平均净值的比率，其计算公式为

固定资产周转率(次数)＝销售收入净额 / 固定资产平均净值

固定资产周转率高，表明企业固定资产已被利用充分，同时也表明企业固定资产使用得当，固定资产结构合理，能够充分发挥其效率。反之，则说明固定资产使用效率不高，提供的生产成果不多，企业的营运能力不强。运用固定资产周转率时，需要考虑固定资产计提折旧、更新重置等导致净值发生变化的影响。同时，折旧方法不同也会影响其可比性，

因此，在进行分析时，一定要剔除不可比因素。

4) 总资产周转率

总资产周转率是企业销售收入净额与资产平均总额的比率，其计算公式为

总资产周转率(次数)＝销售收入净额 / 资产平均总额

总资产周转天数＝360 / 总资产周转次数

一定时期的销售收入与总资产的比较分析可以有效地衡量总资产的利用效率。总资产周转率是从周转速度的角度评价企业全部资产的使用效率的。总资产周转率高，表示企业全部资产周转速度快，企业资产利用充分，结构分布合理，进而说明企业营运能力强；反之，说明企业营运能力弱。

3. 盈利能力分析指标

反映企业盈利能力的指标主要有销售净利率、成本费用利润率、总资产报酬率、总资产净利率、净资产收益率、资本保值增值率等。

1) 销售净利率

销售净利率是企业净利润与净销售收入之比，其计算公式为

销售净利率＝净利润 / 净销售收入

净利润是指企业的税后利润。销售净利率反映企业实现净利润的水平。销售净利率越高说明企业获取净利润的能力越强。

2) 成本费用利润率

成本费用利润率是指利润与成本费用的比率，它可以反映企业生产经营过程中发生耗费与获得收益之间的关系，其计算公式为

成本费用利润率＝利润总额 / 成本费用总额

成本费用总额＝主营业务成本＋期间费用总额

成本费用是企业生产经营发生的耗费。成本费用利润率是反映企业耗费获利水平的重要财务指标。成本费用利润率越高，说明企业生产经营耗费获利水平越高，资产使用效益越好，企业获利能力越强。

3) 总资产报酬率

总资产报酬率是企业一定时期内获得的报酬总额与企业平均资产总额的比率。它是反映企业资产综合利用效果的指标，也是衡量企业利用债权人和所有者权益总额取得盈利的重要指标，其计算公式为

总资产报酬率＝(利润总额＋利息支出) / 平均资产总额

平均资产总额为年初资产总额与年末资产总额的平均数。总资产报酬率越高，说明该企业资产利用效益越好，企业盈利能力越强，经营管理水平越高。

4) 总资产净利率

总资产净利率是一定时期企业净利润与平均资产总额之间的比率，其计算公式为

总资产净利率＝净利润 / 平均资产总额

净利润指税后利润。总资产利润率可以反映企业一定时期平均资产总额创造净利润的能力，表明企业资产利用的综合经济效益。这个比率越高，说明企业资产的利用效率越高，

利用经济资源的能力越强。

5) 净资产收益率

净资产收益率是指企业一定时期内净利润与平均净资产的比率。它可以反映投资者投入企业的自有成本获取净收益的能力，即反映投资与报酬的关系，因而是评价企业资本经营效益的核心指标，其计算公式为

$$净资产收益率=(净利润 / 平均净资产)\times 100\%$$

$$平均净资产=(所有者权益年初数+所有者权益年末数) / 2$$

6) 资本保值增值率

资本保值增值率是指企业年末所有者权益同年初所有者权益的比率。资本保值增值率表示企业当年自有资本的实际增减变动情况，是评价企业财务效益状况的辅助指标，其计算公式为

$$资本保值增值率=年末所有者权益 / 年初所有者权益$$

如果企业盈利，一般会使期末所有者权益大于期初所有者权益，所以，该指标是衡量企业盈利能力的重要指标。资本保值增值率可以更加谨慎、稳健地反映企业资本保值和增值状况。它可以充分体现对所有者权益的保护，能够及时、有效地发现侵蚀所有者权益的现象。

4. 现金流量分析指标

现金流量分析包括获取现金能力分析和收益质量分析，主要的指标有销售现金比率、全部资产现金回收率、现金营运指数。

1) 销售现金比率

销售现金比率是企业经营活动现金流量净额与企业销售收入之比，其计算公式为

$$销售现金比率=经营活动现金流量净额 / 销售收入$$

该指标衡量销货收入收现的程度。这一比率越高，说明企业积压在应收账款上的资金越少，企业经营成本越低。

2) 全部资产现金回收率

全部资产现金回收率是指企业在一定时期经营活动净现金流量净额与企业总资产的比率，其计算公式为

$$全部资产现金回收率=经营活动现金流量净额 / 企业总资产$$

这一指标可以衡量企业运用全部经济资源进行经营创造现金的能力，是一个综合指标，反映企业利用资产的综合效果。这一比率越高，表明企业资产的利用效率越高。

3) 现金营运指数

现金营运指数是指经营现金净流量与经营所得现金的比值，其计算公式为

$$现金营运指数=经营活动现金净流量 / 经营所得现金$$

$$经营所得现金=经营净收益+非付现费用$$

$$非付现费用=计提的资产减值准备+固定资产折旧+无形资产摊销+待摊费用摊销+长期待摊费用摊销$$

该指标反映每一元的经营活动收益收回多少现金。现金营运指数小于 1，说明一部分

收益没有取得现金，停留在实物或债权形态，而实物或债权的风险大于现金，应收账款不一定能足额变现，存货也有贬值的风险，所以未收现的收益质量低于已收现的收益。现金营运指数接近 1，说明企业经营获取的现金与其应获现金相当，收益质量高。

6.2.2 比较分析法

比较分析法是最基本的财务报表分析方法，在财务报表分析中得到了广泛的应用。比较分析法是指通过主要项目或指标数值变化的对比，确定出差异，分析和判断企业财务状况和经营成果变化的一种方法。按比较对象的不同，比较分析法主要有以下 3 种形式。

(1) 绝对数比较分析。绝对数比较分析一般通过编制比较财务报表，将比较各期的报表项目的数额予以并列，直接观察每一项目的增减变化情况。

(2) 绝对数增减变动分析。为使比较情况进一步明朗化，在比较财务报表中增添绝对数字“增减金额”一栏，计算比较各项目的增减变动差额。

(3) 百分比增减变动分析。为消除项目绝对规模因素的影响，在计算增减变动额的同时计算变动百分比，并列示于比较财务报表中，使报表使用者一目了然，其计算公式为

增减变动百分比＝(分析标准项目金额－分析项目金额)/分析项目金额×100%

比较分析法可分为纵向比较分析法和横向比较分析法两种。纵向比较分析法又称趋势分析法，是将企业的财务状况与上一会计分期或上年同期进行比较，判断其发展变化及趋势；横向比较分析法，是将企业的财务状况与其他同行业企业的同期财务状况进行比较，确定其存在的差异程度，以此来揭示企业存在问题的分析方法。应用比较分析法对数据或指标进行比较时，要注意所选用指标的可比性。

6.3 主要财务报表的阅读与分析

6.3.1 资产负债表的阅读与分析

资产负债表是反映企业在某一特定日期资产、负债及所有者权益的总量、构成及其相互关系的财务报表。阅读分析资产负债表可以了解企业的资金来源及其构成、企业拥有或控制的经济资源的数量和结构，从而分析企业的财务状况。阅读与分析资产负债表可以按以下步骤进行。

(1) 初步浏览资产负债表各要素。对企业的资产、负债及所有者权益的总额及其内部各项目的构成和增减变化有一个初步的认识。企业总资产反映了企业的经营规模，它的增减变化由企业负债与所有者权益的变化导致。当企业所有者权益的增长幅度高于资产总额的增长时，说明企业的自有资产实力相对提高；反之，则说明企业规模扩大的主要原因是负债的大规模上升，企业的自有资产实力相对降低，偿还债务的安全性亦在下降。

(2) 分析资产负债表各要素的具体构成。在初步浏览资产负债表各要素的基础上，对资产负债表中资产、负债、所有者权益的组成及结构进行分析。资产结构可以通过资产负债表中各类资产占总资产的比重来反映，如现金资产的比重、应收账款和存货的比重、生产经营用资产比重、无形资产比重、对外投资比重等；对负债的分析可以从负债的分类、

集中程度、长期化程度等方面来进行；对所有者权益的分析可以着重观察企业产权结构的集中化程度。

(3) 对资产负债表的部分重要项目进行分析和比较。选取一些重要项目，如货币资金、固定资产、短期借款、长期借款、应付票据、应收账款等，以及期初与期末数据变化较大的项目进行分析和比较。例如，企业应收账款增长速度过快，说明该企业可能因某种原因导致企业应收账款管理的质量有所降低。又如，企业年初及年末的负债较多，说明企业的利息负担较重，但如果企业在这种情况下仍然有较高的盈利水平，说明企业产品的获利能力较佳、经营能力较强。

(4) 根据报表使用者的需求，计算并比较相关的财务指标。可以根据分析目的从偿债能力分析指标、营运能力分析指标中选取部分指标来进行计算，如流动比率、速动比率、资产负债率、应收账款周转率、存货周转率、总资产周转率等，并对这些指标进行横向和纵向的分析和比较。

(5) 对企业的财务状况进行综合评价。在以上这些分析工作的基础上，对企业的财务状况进行综合评价。报表使用者的目的不同，对信息的关注点亦会有所不同。如投资者关心的是企业的盈利能力和财务结构的合理性，债权人则关心企业的债务偿还能力。

6.3.2 利润表的阅读与分析

利润表是反映企业在一定会计期间内经营成果的财务报表。阅读分析利润表可以判断企业利润的来源、质量、持续性，评价企业的经营业绩。阅读与分析利润表可以按以下步骤进行。

(1) 初步浏览利润表各项目。对企业的收入、费用、利润有一个初步的认识。通过初步浏览利润表，可以了解企业收入的金额及其来源、费用的金额及其构成、企业是否盈利、盈利多少等。

(2) 分析利润表收入、费用、利润的具体构成。在初步浏览利润表各项目的基础上，对利润表中收入、费用、利润的组成及结构进行分析。对收入结构的分析可以结合主营业务收支明细表来进行，通过计算营业收入占总收入的比重、主营业务收入占营业收入的比重等来反映；费用构成分析可以通过计算营业成本占总费用比重、期间费用占总费用比重等来进行；利润结构分析可以通过计算营业利润占总利润比重、营业外收支占总利润比重等来进行。

(3) 对利润表的主要项目进行分析和比较。选取一些主要项目，如营业收入、营业成本、期间费用、投资收益、营业外收入、营业外支出等，以及与前期相比金额变化较大的项目进行分析和比较，找出变化的原因。

(4) 计算并比较相关的财务指标。可以从盈利能力分析指标中选取部分指标来进行计算，如销售净利率、成本费用利润率、总资产报酬率、总资产净利率等，并对这些指标进行横向和纵向的分析和比较。

(5) 对企业的财务成果进行综合评价。在以上这些分析工作的基础上，形成对企业财务成果的综合评价。综合评价可以从收入的稳定性和有效性、费用的合理性和削减的可能性、利润的持续性和发展趋势等方面来进行。

6.3.3 现金流量表的阅读与分析

现金流量表是反映企业在一定会计期间内现金和现金等价物流入和流出的报表。阅读分析现金流量表可以了解企业现金增减变动的原因，判断企业现金的现状，从而预测企业未来的现金流量。阅读与分析现金流量表可以按以下步骤进行。

(1) 初步浏览现金流量表各项目。对企业的经营活动、投资活动、筹资活动产生的现金流入量、现金流出量及净现金流量有一个初步的了解。

(2) 分析现金流量的结构。这可以从现金流入结构、现金流出结构、净现金流量结构 3 个方面来进行。现金流入结构是指企业全部现金流入量中，经营活动、投资活动和筹资活动分别所占的比例，以及在这 3 种活动中，不同渠道流入的现金在该类别现金流入量和总现金流入量中所占的比例；现金流出结构是指企业全部现金流出量中，经营活动、投资活动和筹资活动分别所占的比例，以及在这 3 种活动中，不同渠道流出的现金在该类别现金流出量和总现金流出量中所占的比例；净现金流量结构是指企业经营活动、投资活动和筹资活动的净现金流量占企业全部净现金流量的比例。

(3) 分析现金流量的趋势。在现金流量结构分析的基础上，了解企业现金流量的变动原因，通过观察连续数期的财务报表，计算并比较各期有关项目金额及相关指标的增减变化，从而对现金流量的趋势进行判断和预测。

(4) 对企业的现金流量进行综合评价。在以上这些分析工作的基础上，形成对企业现金流量的综合评价。

实训 财务分析

实训目的

通过实训，了解财务分析报表的意义，熟悉财务报表分析的方法，掌握主要财务报表分析指标的计算及资产负债表、利润表、现金流量表的阅读分析方法。

实训设计

(1) 实训时间安排：3 学时。

(2) 实训人员安排：与会计核算实训一致，可以分组进行，也可以由一人独立完成。

实训内容

按照本章中介绍的主要财务报表阅读与分析的方法和步骤，对会计核算实训中填制的资产负债表和利润表进行分析，形成财务报表分析报告。

第 7 章 会计凭证装订及档案管理

7.1 会计凭证的装订

各种会计凭证按顺序编号后，应及时传递至各岗位登账。登账完毕后，会计凭证应按照分类和编号顺序保管，在对账、结账直至会计报表编制完成后，按照要求装订会计凭证。

7.1.1 会计凭证装订前的准备

记账凭证装订之前，必须逐张逐页对所附原始凭证进行整理加工。会计凭证的整理工作主要是对凭证进行排序、粘贴和折叠。对于纸张面积大于记账凭证的原始凭证，可按记账凭证的面积尺寸，先自右向左，再自下向上两次折叠。注意应把凭证的左上角或左侧面让出来，以便装订后仍可以展开查阅。对于纸张面积过小的原始凭证，一般不能直接装订，可先按一定次序和类别排列，粘在 1 张同记账凭证大小相同的白纸上，粘贴时以胶水为宜，小票应分张排列，同类同金额的单据尽量粘在一起，同时，在一旁注明张数和合计余额。对于纸张面积略小于记账凭证的原始凭证，可以用回形针或大头针别在记账凭证后面，待装订凭证时，抽去回形针或大头针。有的原始凭证不仅面积大，而且数量多，可以单独装订，如工资单、发料单等。但在记账凭证上应注明保管地点。

原始凭证附在记账凭证后的顺序应与记账凭证所记载的内容顺序一致，不应按原始凭证的面积大小来排序。

记账凭证装订之前，要考虑一个月的记账凭证的总数量，其基本原则是，每册的厚薄应基本保持一致，不能把几张应属一份记账凭证附件的原始凭证拆开装订在两册之中，要做到既美观大方又便于翻阅。装订后的一本凭证，厚度一般以 1.5～2.0 厘米为宜，过薄不利于戳立放置，过厚不便于翻阅核查。凭证装订时，一般以月份为单位，每月订成一册或若干册。凭证少的单位，可以将若干个月份的凭证合并订成一册，在封皮上注明本册凭证的月份。

7.1.2 会计凭证的装订方法

装订会计凭证有“左上角法”和“顶齐左侧边法”。

“左上角法”的装订方法：将记账凭证和所附原始凭证顶齐左上角后，装订时以上边和左侧边为准，蹾齐、夹紧，在记账凭证左上角按斜线打两个孔，把扎绳从两孔中引过，留扣，再把扎绳两头从两边孔引过，在两孔中间用力拉紧，打结，余绳剪掉，然后用专用纸张包住扎绳，使凭证整齐美观。

“顶齐左侧边法” 的装订方法：将记账凭证和所附原始凭证顶齐左上角后，装订时以上边和左侧边为准，蹾齐、夹紧，在记账凭证左侧打 3 个孔，把扎绳的中间从中孔引过，留扣，再把扎绳两头从两边孔引过，并套入中间的留扣中，用力拉紧，系好，余绳剪掉。

7.1.3 填写会计凭证封面

会计凭证装订成册后，应加具“会计凭证封面”，注明单位名称、年度、月份和起讫日期、凭证种类、起讫号码，并由装订人在装订封面上签名或盖章。“会计凭证封面”的大小要根据记账凭证的大小来确定，一般要大于记账凭证。原始凭证单独装订保管的，应在封面上注明原始凭证名称及编号，同时在记账凭证上注明“附件另订”。

7.2 会计档案管理

7.2.1 会计档案的范围

会计档案是指会计凭证、会计账簿、财务会计报告、税款缴纳资料等会计核算资料。会计档案一般分为会计凭证类，包括原始凭证、记账凭证、汇总凭证等；会计账簿类，包括总账、日记账、明细账、辅助账等；财务报告类，包括月度、季度、半年度、年度财务报告及相关分析材料等；其他类，包括税务缴纳资料、会计移交清册、会计档案保管清册、会计档案销毁清册和银行存款余额调节表等。

7.2.2 会计档案的保管

当年形成的会计档案在会计年度终了后，可暂由本单位会计部门保管 1 年。保管期满后，原则上应由会计部门编制清册，移交本单位的档案部门保管。未设立档案部门的，应当在会计部门内指定专人保管。

根据《会计档案管理办法》的规定，企业会计档案保管期限分为永久和定期两类，定期保管期限分为 3 年、5 年、10 年、15 年和 25 年 5 种，从会计年度终了后的第 1 天算起。

(1) 会计凭证类：保管期限是 15 年。

(2) 会计账簿类：总账、明细账、辅助账簿保管 15 年；日记账保管 25 年；固定资产卡片账在固定资产清理后保管 5 年。

(3) 财务报告类：月度、季度财务报告，保管 3 年；年度财务报告永久保存。

(4) 其他类：银行存款余额调节表、银行对账单保管 5 年；会计移交清册保管 15 年；会计档案保管清册和会计档案销毁清册永久保存。

7.2.3 会计档案的销毁

根据《会计档案管理办法》的规定，会计档案保管期满需要销毁的，除特殊规定外，可以按照规定程序予以销毁。销毁的基本程序和要求：①编制会计档案销毁清册；②专人负责监销；③不得销毁的会计档案，应当单独立卷。

实训　会计凭证整理及装订实训

实训目的

通过实训，了解会计档案管理的意义，熟悉会计档案管理的相关规定，熟练进行会计凭证的装订。

实训设计

(1) 实训时间安排：3 学时。

(2) 实训人员安排：与会计核算实训一致，可以分组进行，也可以由一人独立完成。

(3) 实训材料：凭证封面（1 份）、包角纸（1 张）、凭证装订机、胶水、凭证扎绳。

实训内容

装订实训 4 中形成的会计凭证，整理实训过程中形成的其他会计档案。

附　录

记录及证明天津市红星啤酒股份有限公司 2010 年 12 月经济业务的原始凭证。

经济业务(1)

借　款　单

2010 年 12 月 01 日

借款单位：销售部	**借款人：**高园园
借款原因：借支差旅费	
借款金额：人民币(大写)伍仟元整	小写¥ 5 000.00　现金付讫
付款方式：现金 √　支票　电汇　其他	

单位负责人：刘奇　**财务经理：**李明　**部门负责人：**王强　**审核：**王芳　**出纳：**张平

经济业务(2-1)

付　款　申　请　单

2010 年 12 月 01 日　　NO．5268702785

付款部门：办公室	**申请人：**伍玲
付款原因：购买办公用品	
付款方式：现金　转账支票 √　电汇　其他	
付款金额：人民币(大写)贰仟伍佰柒拾伍元整　小写¥ 2 575.00	
收款单位：天津市蓝月亮文化用品公司　银行付讫	
开户银行及账号：中国工商银行和平支行 168285237661	

单位负责人：刘奇　**财务经理：**李明　**部门负责人：**张全明　**审核：**王芳　**出纳：**张平

经济业务(2-2)

天津市市工商业统一发票

NO. 83426930

客户：天津市红星啤酒股份有限公司　　2010 年 12 月 01 日　　本发票限 2011 年底前使用

编号	货物名称	规格	单位	数量	单价	金额							
						十	万	千	百	十	元	角	分
	办公用品						¥	2	5	7	5	0	0
合计金额(大写) 零拾零万贰千伍佰柒拾伍元零角零分							¥	2	[illegible]	[illegible]	5	0	0
说明：发票联大写复写后佰位在荧光灯下呈现红色荧光。													

第二联 发票联

开票人：张英　　收款人：　　验收人：　　盖章

（印章：全国统一发票监制章 天津 地方税务局监制；天津市蓝月亮文化用品公司 100523157822621 发票专用章）

经济业务(2-3)

中国工商银行
转账支票存根（津）
EH 02 BB0049523

附加信息

出票日期

收款人：
金　额：
用　途：

单位主管　李明　会计

中国工商银行 转账支票（津）　EH 02 BB0049523

本支票付款期限十天

出票日期(大写)　年　月　日　付款行名称：

收款人：　出票人账号：

人民币(大写)	亿	千	百	十	万	千	百	十	元	角	分

用 途

上述款项从
我账户内支付
出票人签章

盖章　盖章

（印章：刘奇印；天津市红星啤酒股份有限公司 财务专用章）

经济业务(3)

困难补助发放表

2010 年 12 月 2 日　　　　单位：元

部　门	姓　名	金　额	签　字
9 度清爽啤酒工人	刘云	1 200	刘云
	冯亮齐	1 200	冯亮齐
	郝明启	1 000	郝明启
10 度淡爽啤酒工人	赵员民	800	赵员民
	黄贞	600	黄贞
技术部	李研婷	600	李研婷
合　计		5 400	现金付讫

审批人：刘奇　　　**财务审核：**李明　　　**制表：**李静

经济业务(4)

中国建设银行

CHINA CONSTRUCTION BANK

付款人账号：81254378062134　　付款人名称：河北联华食品有限公司
收款人账号：159233342567　　收款人名称：天津市红星啤酒股份有限公司
付款人开户行行号：10203018　　收款人开户行行号：10301047
发起行行号：10203018　　发起行名称：中国工商银行河北分行
接受行行号：10301047　　接受行名称：中国建设银行东丽支行
币种：RMB 人民币：壹佰贰拾万元整　　交易金额：1 200 000
附言：支付货款
报单日期：20101202　　支付交易序号：10120201　　业务种类：汇兑 ⊙ 普通汇兑 ○ 加急汇兑
交易种类：⊙ 大额 ○ 小额

中国建设银行东丽支行 20101202 转讫

经济业务(5)

中国工商银行
现金支票存根（津）
EH 02 BD00025437

附加信息

出票日期

收款人：	
金　额：	
用　途：	

单位主管　　会计

中国工商银行 现金支票　（津）　EH 02 BD00025437

本支票付款期限十天

出票日期（大写）　年　月　日　付款行名称：

收款人：　出票人账号：

人民币（大写）	亿	千	百	十	万	千	百	十	元	角	分

用途

上述款项从

我账户内支付

出票人签章

刘奇印

股份有限公司 财务专用章

盖章　盖章

经济业务(6)

商品验收及入库单

供货单位：河北达成农副食品公司　　2010 年 12 月 03 日　　NO. 31124287

名称	规格型号	进价				检验	
		单位	数量	单价	金额	合格	不合格
大米		吨	200		600 000.00	199.5	0.5
大麦芽		吨	255		1 020 000.00	254.5	0.5
合　计					1 620 000.00		

仓库负责人：孙宁　　检验人：赵天　　收货人：钱星

经济业务(7-1)

产品出库单

2010 年 12 月 04 日 NO. 533131

购货单位	产品名称及型号	单位	数量	备注
北京华明食品公司	9 度清爽啤酒	箱	25 000	
	10 度淡爽啤酒	箱	20 000	

仓库负责人：孙宁 经办人：钱星 提货人：万伟

经济业务(7-2)

全国统一发票监制章 国家税务总局监制

增值税专用发票

记账联

开票日期 2010 年 12 月 04 日 NO. 02154631

购货单位	名称	北京华明食品有限公司		密码区	〈071409+/8*5742/3590 加密版本号：01 51+/〈30+42+/22〈4/5/〉1 806〈〈5-129-9+0-91312 7846672632 4/*6753〉〉2-8+859/〉〉40 5650642		
	纳税人识别号	110102798700543					
	地址、电话	北京市海淀区临江路 22 号 22346785					
	开户行及账号	中国建设银行海淀支行临江分理处 120108193203126					
货物及应税劳务名称	规格型号	单位	数量	单价	金额	税率	税额
9 度清爽啤酒		箱	25 000	40.00	1 000 000.00	17 %	170 000.00
10 度淡爽啤酒		箱	20 000	50.00	1 000 000.00	17 %	170 000.00
						%	
						%	
合计					2 000 000.00	%	340 000.00
价税合计(大写)	零仟贰佰叁拾肆万零仟零佰零拾零元零角零分					(小写)	￥2 340 000.00
销货单位	名称	天津市红星啤酒股份有限公司			备注		
	纳税人识别号	12011133557789					
	地址、电话	天津市东丽区第六大道 108 号 60080066					
	开户行及账号	中国工商银行东丽支行 168230028555					

第三联 记账联 销售方记账凭证

收款人：张平 销货单位(盖章)

经济业务(8-1)

公路、内河货物运输业务统一发票(代开)

发票联

发票代码：0104259
发票号码：0174520

开票日期： 2010 年 12 月 05 日

机打代码 机打号码 机器编号	0104559	税控码	02>31+76613770<>*799334<415<669-/76<*>>>331<835>>+599* 7+>34/<372/7205>92>-2/9923*/0++4>0*284677-4078>6-/83-7 7+878-7205>92>-2/770<>*>>331*28435>>+59934/--54/>*53d>
收货人及 纳税人识别号	天津市红星啤酒股份有限公司 12011133557789	承运人及 纳税人识别号	河北钱利运输有限公司 140503363452081
发货人及 纳税人识别号	河北利民啤酒用品有限公司 140503634522456	主管税务机关 及代码	河北省江岸区地方税务局 14050302
运输项目及金额	货物名称 酒花、酵母 数量(重量) 2.4 吨 单位运价 8 计费里程 200 金额 1 600.00	其他项目及金额	费用名称 金额　　备注：
运费小计	¥1 600.00	其他费用小计	¥0.00
合计(大写)	⊗壹仟陆佰元整		¥1 600.00

承运人：河北钱利运输有限公司　　　　开票人： 张杰

第一联 发票联 付款方记账凭证 (手写无效)

（印章：全国统一发票监制章 地方税务总局监制；河北钱利运输有限公司 140503363452081 发票专用章）

经济业务(8-2)

付 款 申 请 单

2010 年 12 月 05 日　　　　NO. 5268702786

付款部门：采购部	**申请人**：刘云
付款原因：购买原材料	
付款方式：现金　　转账支票　　电汇 √　　其他	
付款金额：人民币(大写)壹拾柒万贰仟捌佰捌拾捌元整　　小写¥172 888.00	
收款单位：河北利民啤酒用品有限公司　　银行付讫	
开户银行及账号：中国银行江岸区支行 03000100806806	

单位负责人：刘奇　**财务经理**：李明　**部门负责人**：洪强　**审核**：王芳　**出纳**：张平

经济业务(8-3)

增值税专用发票
抵扣联

开票日期　2010 年 12 月 05 日　　NO. 16543266

购货单位	名称	天津市红星啤酒股份有限公司		密码区	〈071409+/8*5742/3590 加密版本号：01 51+/〈30+42+/22〈4/5/〉1 806〈〈5-129-9+0-91312 7846672632 4/*6753〉〉2-8+859/〉〉40 5650642		
	纳税人识别号	1201113557789					
	地址、电话	天津市东丽区第六大道 108 号 60080066					
	开户行及账号	中国建设银行股份有限公司东丽支行 159223342567					
货物及应税劳务名称	规格型号	单位	数量	单价	金额	税率	税额
酒花		吨	2	9 200.00	18 400.00	17 %	3 128.00
酵母		千克	400	320.00	128 000.00	17 %	21 760.00
						%	
						%	
合计					146 400.00	%	24 888.00
价税合计（大写）	零仟零佰壹拾柒万壹仟贰佰捌拾捌元零角零分					（小写）	¥171 288.00
销货单位	名称	河北利民啤酒用品有限公司			备注		
	纳税人识别号	140503634522456					
	地址、电话	石家庄市公园里 25 号 36782233					
	开户行及账号	中国银行江岸区支行 03000100806806					

河北利民啤酒用品有限公司 140503634522456 发票专用章

第一联 抵扣联 购货方扣税凭证

收款人：张文　　销货单位(盖章)

经济业务(8-4)

增值税专用发票
发票联

开票日期　2010 年 12 月 05 日　　NO. 16543266

购货单位	名称	天津市红星啤酒股份有限公司		密码区	〈071409+/8*5742/3590 加密版本号：01 51+/〈30+42+/22〈4/5/〉1 806〈〈5-129-9+0-91312 7846672632 4/*6753 〉〉 2-8+859/ 〉〉 40 5650642		
	纳税人识别号	12011133557789					
	地址、电话	天津市东丽区第六大道 108 号 60080066					
	开户行及账号	中国建设银行股份有限公司东丽支行 159233342567					
货物及应税劳务名称	规格型号	单位	数量	单价	金额	税率	税额
酒花		吨	2	9 200.00	18 400.00	17 %	3 128.00
酵母		千克	400	320.00	128 000.00	17 %	21 760.00
						%	
						%	
合计					146 400.00	%	24 888.00
价税合计（大写）	零仟零佰壹拾柒万壹仟贰佰捌拾捌元零角零分					（小写）	¥171 288.00
销货单位	名称	河北利民啤酒用品有限公司			备注		
	纳税人识别号	140503634522456					
	地址、电话	石家庄市公园里 25 号 36782233					
	开户行及账号	中国银行江岸区支行 03000100806806					

河北利民啤酒用品有限公司 140503634522456 发票专用章

第二联 发票联 购货方记账凭证

收款人：张文　　销货单位(盖章)

经济业务(8-5)

银行电汇凭证(回　单)1

□普通□　加急　　委托日期 2012 年 12 月 05 日

<table>
<tr><td rowspan="3">汇款人</td><td>全　称</td><td colspan="2"></td><td rowspan="3">收款人</td><td>全　称</td><td colspan="11"></td></tr>
<tr><td>账　号</td><td colspan="2"></td><td>账　号</td><td colspan="11"></td></tr>
<tr><td>汇出地点</td><td colspan="2">省　　市/县</td><td>汇入地点</td><td colspan="11">省　　市/县</td></tr>
<tr><td colspan="2">汇出行名称</td><td colspan="2"></td><td colspan="2">汇入行名称</td><td colspan="11"></td></tr>
<tr><td rowspan="2">金额</td><td rowspan="2">人民币(大写)</td><td colspan="4" rowspan="2"></td><td>亿</td><td>千</td><td>百</td><td>十</td><td>万</td><td>千</td><td>百</td><td>十</td><td>元</td><td>角</td><td>分</td></tr>
<tr><td></td><td></td><td></td><td></td><td></td><td></td><td></td><td></td><td></td><td></td><td></td></tr>
<tr><td colspan="4" rowspan="2">建行东丽支行
20101205
转讫
汇出行签章</td><td colspan="2">支付密码</td><td colspan="11"></td></tr>
<tr><td colspan="13">附加信息及用途：
复核　　记账</td></tr>
</table>

此联汇出行给汇款人的回单

经济业务(9-1)

产 品 出 库 单

2010 年 12 月 05 日　　NO．533132

购货单位	产品名称及型号	单位	数量	备注
天津金威啤酒销售公司	9 度清爽啤酒	箱	30 000	

仓库负责人：孙宁　　经办人：钱星　　提货人：万伟

经济业务(9-2)

增值税专用发票

记账联

开票日期 2010 年 12 月 05 日 **NO.** 02154632

购货单位	名称	天津市金威啤酒销售公司	密码区：〈071409+/8*5742/3590 加密版本号：01 51+/〈30+42+/22〈4/5/〉1 806〈〈5-129-9+0-91312 7846672632 4/*6753〉〉2-8+859/〉〉40 5650642
	纳税人识别号	120008789456437	
	地址、电话	天津市南开区红旗路 56 号 22465764	
	开户行及账号	中国工商银行南开支行花园分理处 02341256788130	

货物及应税劳务名称	规格型号	单位	数量	单价	金额	税率	税额
9 度清爽啤酒		箱	30 000	40.00	1 200 000.00	17 %	204 000.00
						%	
						%	
						%	
合计					1 200 000.00	%	204 000.00
价税合计(大写)	零仟壹佰肆拾零万肆仟零佰零拾零元零角零分					(小写)	¥1 404 000.00

销货单位	名称	天津市红星啤酒股份有限公司	备注
	纳税人识别号	12011133557789	
	地址、电话	天津市东丽区第六大道 108 号 60080066	
	开户行及账号	中国工商银行股份有限公司东丽支行 168230028555	

第三联记账联销售方记账凭证

收款人：张平 销货单位(盖章)

经济业务(9-3)

中国工商银行 转账支票（津） EH/02 BB0023616

本支票付款期限十天

出票日期(大写) 贰零壹零 年 壹拾贰 月 零伍 日 付款行名称：工行南开支行花园分理处

收款人：天津市红星啤酒股份有限公司 出票人账号：02341256788130

人民币(大写)	亿	千	百	十	万	千	百	十	元	角	分
壹佰肆拾万零肆仟元整		¥	1	4	0	4	0	0	0	0	0

用途 购货款

上述款项从

我账户内支付

出票人签章

李伟印 军

天津金威啤酒销售公司 财务专用章

1735942619308917

经济业务(9-4)

银行进账单(回单)1

2010 年 12 月 05 日

出票人	全称		收款人	全称	
	账号			账号	
	开户银行			开户银行	

		亿	千	百	十	万	千	百	十	元	角	分
金额	人民币(大写)											

票据种类		票据张数		工商银行东丽支行 20101205 转讫 开户银行签章　盖章
票据号码				
复核　　记账				

此联是开户银行交给持（出）票人的回单

经济业务(10-1)

委托收款凭证（收账通知）　4

委托日期：2010 年 12 月 06 日　　付款期限：2010 年 12 月 06 日

业务类型	委托收款(□邮划、■电划)　托收承付(□邮划、□电划)						
付款人	全称	蓟县龙南食品超市		收款人	全称	天津市红星啤酒股份有限公司	
	账号	02053241278132			账号	159233342567	
	地址	蓟县朝阳路 67 号	开户行：建行蓟县支行		地址	东丽区第六大道 108 号	开户行：建行东丽支行

		亿	千	百	十	万	千	百	十	元	角	分
金额	人民币(大写)：贰拾壹万贰仟元整			¥	2	1	2	0	0	0	0	0

款项内容	货款	委托收款凭据名称	商业承兑汇票	附寄单证张数	1 张
商品发运证件		合同名称号码		023	
备注： 复核：　记账：	上列款项已划回收入你方账户内。 建设银行东丽支行 20101206 转讫 收款人开户银行签章 年　月　日				

此联付款人开户行凭以汇款或收款人开户行作收账通知

经济业务(10-2)

商业承兑汇票

2 AA/01 0013901125

出票日期(大写)：贰零壹零 年 零玖 月 零陆 日

付款人	全称	蓟县龙南食品超市	收款人	全称	天津市红星啤酒股份有限公司
	账号	68542220001456		账号	159233342567
	开户银行	建行蓟县支行		开户银行	建行东丽支行
出票金额	人民币(大写)	贰拾壹万贰仟元整			
汇票到期日(大写)		贰零壹零年壹拾贰月零陆日	付款人开户行	行号	53021
交易合同号码		023		地址	天津市蓟县朝阳路67号
本汇票已经承兑，到期无条件支付票款 承兑人签章 承兑日期：2010 年 12 月 06 日			本票请予以承兑到期日付款 出票人签章		

千	百	十	万	千	百	十	元	角	分
	¥	2	1	2	0	0	0	0	0

李友全印　蓟县龙南食品超市 财务专用章

李友全印　蓟县龙南食品超市 财务专用章

此联持票人开户行随托收凭证寄付款人开户行作借方

经济业务(11-1)

产品销售合同

合同号：017

甲方(供货方)：　红星啤酒股份有限公司

乙方(采购方)：　河北昌盛啤酒经销商

依据《中华人民共和国合同法》、《产品质量法》等有关法律、法规，甲乙双方经友好协商，自愿订立本合同，以便共同遵守。

1. 产品名称、单位、数量及价格

产品名称	单位	数量	售价(含税)	金额/元
9 度清爽啤酒	箱	20 000	46.8 元/箱	936 000
10 度淡爽啤酒	箱	30 000	58.5 元/箱	1 755 000
合计人民币金额(大写)：贰佰陆拾玖万壹仟元整　　(小写)：¥2 691 000.00				

2. 质量保证和承诺

产品质量标准按照国家食品安全标准执行。

3. 付款方式及期限

乙方应于收到甲方所供货物后的＿3 个月＿内付清全部合同款项、并按 3/20、2/30、n/40 的现金折扣方式享受现金折扣，折扣不考虑增值税。

4. 违约责任及纠纷处理

如无产品质量问题，乙方不能以任何理由退货。乙方延迟付款 1～5 天，每天按迟付金额的 0.1%计算违约金；5 天以上按迟付金额的 0.3%计算违约金。本合同在执行过程中产生争议，双方应协商解决或由工商行政管理部门调解；协商或调解不成的，可依法向人民法院诉讼，双方当事人同意接受甲方所在地人民法院的司法管辖。

本合同一式二份，双方各执一份，甲乙双方法定代表人或委托代理人签字并加盖合同章后生效。

甲方盖章：红星啤酒股份有限公司

法定代表人(委托代理人)：万伟

联系电话：022-60080068

联系地址：天津市东丽区第六大道 108 号

签订日期：2010 年 11 月 25 日

乙方盖章：河北昌盛啤酒经销商

法定代表人(委托代理人)：李玲

联系电话：0311-32056734

联系地址：河北省石家庄市梨园路 325 号

签订日期：2010 年 11 月 25 日

经济业务(11-2)

产 品 出 库 单

2010 年 12 月 06 日　　　　NO. 533133

购货单位	产品名称及型号	单位	数量	备注
河北昌盛啤酒经销有限公司	9 度清爽啤酒	箱	20 000	
	10 度淡爽啤酒	箱	30 000	

仓库负责人：孙宁　　　　经办人：钱星　　　　提货人：万伟

经济业务(11-3)

增值税专用发票

记账联

开票日期　2010　年　12　月　06　日　　　　**NO.** 02154633

<table>
<tr><td rowspan="4">购货单位</td><td>名称</td><td>河北昌盛啤酒经销有限公司</td><td rowspan="4">密码区</td><td colspan="5" rowspan="4">〈071409+/8*5742/3590　加密版本号：01
51+/〈30+42+/22〈4/5/〉1
806〈〈5-129-9+0-91312　7846672632
4/*6753〉〉2-8+859/〉〉40　5650642</td></tr>
<tr><td>纳税人识别号</td><td>140503692345671</td></tr>
<tr><td>地址、电话</td><td>河北省石家庄市梨园路 325 号 32056734</td></tr>
<tr><td>开户行及账号</td><td>中国工商银行河北分行 81254378063278</td></tr>
<tr><td colspan="2">货物及应税劳务名称</td><td>规格型号</td><td>单位</td><td>数量</td><td>单价</td><td>金额</td><td>税率</td><td>税额</td></tr>
<tr><td colspan="2">9 度清爽啤酒</td><td></td><td>箱</td><td>20 000</td><td>40.00</td><td>800 000.00</td><td>17%</td><td>136 000.00</td></tr>
<tr><td colspan="2">10 度淡爽啤酒</td><td></td><td>箱</td><td>30 000</td><td>50.00</td><td>1 500 000.00</td><td>17%</td><td>255 000.00</td></tr>
<tr><td colspan="2"></td><td></td><td></td><td></td><td></td><td></td><td>%</td><td></td></tr>
<tr><td colspan="2"></td><td></td><td></td><td></td><td></td><td></td><td>%</td><td></td></tr>
<tr><td colspan="2">合计</td><td></td><td></td><td></td><td></td><td>2 300 000.00</td><td>%</td><td>391 000.00</td></tr>
<tr><td colspan="2">价税合计(大写)</td><td colspan="5">零仟贰佰陆拾玖万壹仟零佰零拾零元零角零分</td><td>(小写)</td><td>¥2 691 000.00</td></tr>
<tr><td rowspan="4">销货单位</td><td>名称</td><td colspan="4">天津市红星啤酒股份有限公司</td><td rowspan="4">备注</td><td colspan="2" rowspan="4"></td></tr>
<tr><td>纳税人识别号</td><td colspan="4">12011133557789</td></tr>
<tr><td>地址、电话</td><td colspan="4">天津市东丽区第六大道 108 号　60080066</td></tr>
<tr><td>开户行及账号</td><td colspan="4">中国工商银行东丽支行　168230028555</td></tr>
</table>

第三联记账联销售方记账

收款人：张平　　　　销货单位(盖章)

经济业务(12-1)

付 款 申 请 单

2010 年 12 月 07 日　　　　　　NO．5268702787

付款部门：采购部	**申请人**：刘云
付款原因：支付购买原材料欠款	
付款方式：现金　　转账支票　　电汇　　其他√	
付款金额：人民币(大写)玖拾贰万元整　　小写¥ 920 000.00	
收款单位：北京元海啤酒用品公司	
开户银行及账号：北京中国银行昌平支行 0106270884	

单位负责人：刘奇　**财务经理**：李明　**部门负责人**：洪强　**审核**：王芳　**出纳**：张平

经济业务(12-2)

银行承兑汇票(存根)　4

签发日期　贰零壹零年壹拾贰月零柒日　　　　**NO．33974097**

<table>
<tr><td rowspan="3">收款人</td><td>全称</td><td colspan="3">北京元海啤酒用品公司</td><td rowspan="3">承兑申请人</td><td>全称</td><td colspan="9">天津市红星啤酒股份有限公司</td></tr>
<tr><td>账号</td><td colspan="3">0106270884</td><td>账号</td><td colspan="9">168230028555</td></tr>
<tr><td>开户银行</td><td>中行昌平支行</td><td>行号</td><td>2104</td><td>开户银行</td><td colspan="4">工行东丽支行</td><td colspan="3">行号</td><td colspan="2">2530</td></tr>
<tr><td rowspan="2" colspan="2">汇票金额(人民币)</td><td rowspan="2" colspan="4">(大写)零仟零佰玖拾贰万零仟零佰零拾零元零角零分</td><td>千</td><td>百</td><td>十</td><td>万</td><td>千</td><td>百</td><td>十</td><td>元</td><td>角</td><td>分</td></tr>
<tr><td></td><td>¥</td><td>9</td><td>2</td><td>0</td><td>0</td><td>0</td><td>0</td><td>0</td><td>0</td></tr>
<tr><td colspan="2">汇票到期日</td><td colspan="14">贰零壹壹年零贰月零柒日</td></tr>
<tr><td rowspan="2" colspan="4">备注：</td><td colspan="2">承兑协议编号　005</td><td colspan="10">交易合同号码　017</td></tr>
<tr><td colspan="12">负责　　　　经办</td></tr>
</table>

工商银行东丽支行　业务专用章

此联签发人存查

经济业务(12-3)

银行业务收费凭证

日期：2010 年 12 月 07 日

户名	天津市红星啤酒股份有限公司	付款账号	168230028555
费用项目	金额	币种：人民币	
工本费		银行盖章：工商银行东丽支行 20101207 转讫	
手续费	460.00		
其他			
合计金额	(小写)：¥460.00	(大写)：肆佰陆拾元整	

经济业务(13-1)

付 款 申 请 单

2010 年 12 月 07 日　　　　NO．5268702788

付款部门：采购部	**申请人**：王宁
付款原因：购买周转材料申请汇票	
付款方式：现金　　转账支票　　电汇　　其他√	
付款金额：人民币(大写)壹佰伍拾万元整　　小写¥1 500 000.00	
收款单位：北京昌平玻璃厂　　银行付讫	
开户银行及账号：中国建设银行昌平支行 06227805691533	

单位负责人：刘奇　**财务经理**：李明　**部门负责人**：洪强　**审核**：王芳　**出纳**：张平

经济业务(13-2)

银行汇票申请书(存根) 1

日期： 年 月 日 第 号

申请人		收款人	
账 号 或住址		账 号 或住址	
用 途		代 理 付款行	
汇票金额	人民币 (大写)		千 百 十 万 千 百 元 角 分
备注		银行签章	建行东丽支行 业务专用章

此联申请人留存

经济业务(13-3)

银行业务收费凭证

日期：2010 年 12 月 07 日

户名	天津市红星啤酒股份有限公司	付款账号	159233342567
费用项目	金额	币种：人民币	
工本费		银行盖章：	建设银行东丽支行 20101207 转讫
手续费	1.00		
其他	7.50		
合计金额	(小写)：¥8.50	(大写)：捌元伍角整	

经济业务(14-1)

中华人民共和国
税收通用缴款单

地

地缴

隶属关系

0387 号

注册类型：股份有限公司　　填发日期：2010 年 12 月 08 日　　征收机关：天津市东丽地方税务局

缴款单位（人）			预算科目		
	代码	1012468		编码	1020201
	全称	天津市红星啤酒股份有限公司		名称	个人所得税、企业所得税等
	开户银行	中国工商银行东丽支行		级次	
	账号	168230028555	收缴国库		东丽支库（代理）

税款所属时刻 2010 年 11 月 01 日 — 2010 年 11 月 30 日　税款限缴日期 2010 年 12 月 15 日

品目名称	课税数量	计税金额或销售收入	税率或单位税额	已交或扣除额	实交税额 千	百	十	万	千	百	十	元	角	分
教育费附加		1 232 500.00	3%				¥	3	6	9	7	5	0	0
城建税		1 232 500.00	7%				¥	8	6	2	7	5	0	0
个人所得税							¥	1	4	4	4	0	9	8
企业所得税			25%			¥	1	0	3	0	0	0	0	0
金额合计	（大写）贰拾肆万零陆佰玖拾元玖角捌分					¥	2	4	0	6	9	0	9	8

缴款单位（人）（盖章）	税务机关（盖章）	上列款项已收妥并划转收款单位账户	备注
经办人（章）	经办人（章）	国库（银行）盖章　2010 年 12 月 08 日	

无银行收讫章无效

第一联收据国库银行收款盖章后退缴款单位人作完税凭证

逾期不缴按税法规定回收滞纳金

经济业务(14-2)

中华人民共和国
税收通用缴款单

国

NO．002425
(20105)津国缴

隶属关系：
注册类型：股份有限公司　　填发日期：2010 年 12 月 08 日　　征收机关：天津市东丽国家税务局

缴款单位(人)	代码	1010118	预算科目	编码	1010103
	全称	天津市红星啤酒股份有限公司		名称	增值税、消费税
	开户银行	中国工商银行东丽支行		级次	中央 75%，省市 12.5%，地方 12.5%
	账号	168230028555	收缴国库		东丽支库

税款所属时刻 2010 年 11 月 01 日 — 2010 年 11 月 30 日　税款限缴日期 2010 年 12 月 15 日

品目名称	课税数量	计税金额或销售收入	税率或单位税额	已交或扣除额	实交税额 千	百	十	万	千	百	十	元	角	分
增值税		24 655 000	17%	2 3921 000		¥	7	3	4	0	0	0	0	0
消费税		1 994 吨	250 元/吨			¥	4	9	8	5	0	0	0	0
金额合计	(大写)壹佰贰拾叁万贰仟伍佰元整				¥	1	2	3	2	5	0	0	0	0

缴款单位(人)(盖章)	税务机关(盖章)	上列款项已收妥并划转收款单位账户	备注
经办人(章)	经办人(章)	国库(银行)盖章　2010 年 12 月 08 日	

第一联收据国库银行收款盖章后退缴款单位人作完税凭证

逾期不缴按税法规定加收滞纳金

经济业务(15-1)

市税务局印花税票报销专用凭证

NO. 06943224

购买单位：天津市红星啤酒股份有限公司　地址：天津市东丽区第六大道108号　2010年12月08日

印花税票面值	单位	数量	金额								备注
			十	万	千	百	十	元	角	分	
一角											
贰角											
伍角											
壹元											
贰元											
伍元											
壹拾元											
伍拾元	张	1				¥	5	0	0	0	
壹佰元	张	16		¥	1	6	0	0	0	0	
合计人民币(大写)	壹仟陆佰伍拾元整			¥	1	6	5	0	0	0	

经办单位：东丽区地税局　　经办人：张灵　　盖章：

经济业务(15-2)

付　款　申　请　单

2010年12月08日　　NO. 5268702789

付款部门：财务部	**申请人**：王芳
付款原因：购买印花税税票	
付款方式：现金　转账支票 √　电汇　其他	
付款金额：人民币(大写)壹仟陆佰伍拾元整　小写¥1 650.00	
收款单位：东丽区地税局　银行付讫	
开户银行及账号：中国农业银行东丽支行 06247806692538	

单位负责人：刘奇　**财务经理**：李明　**部门负责人**：洪强　**审核**：赵红　**出纳**：张平

经济业务(15-3)

中国工商银行
转账支票存根（津）
EH/02 BB00049524

附加信息

出票日期

收款人：	
金　额：	
用　途：	

单位主管　　会计

中国工商银行 转账支票　（津）　EH/02 BB00049524

本支票付款期限十天

出票日期(大写)　　年　　月　　日　付款行名称：

收款人：　　出票人账号：

人民币（大写）	亿	千	百	十	万	千	百	十	元	角	分

用途

4931536300552012

上述款项从
我账户内支付
出票人签章

盖章　盖章

印 刘奇

财务专用章

经济业务(16-1)

付 款 申 请 单

2010 年 12 月 09 日　　NO．5268702790

付款部门：采购部	**申请人**：王宁
付款原因：购买包装物申请本票	
付款方式：现金　转账支票　电汇　其他 √	
付款金额：人民币(大写)壹拾伍万贰仟壹佰元整　小写¥ 152 100.00	
收款单位：天津鸿风印刷厂　银行付讫	
开户银行及账号：天津银行河西支行 04027365145321	

单位负责人：刘奇　**财务经理**：李明　**部门负责人**：洪强　**审核**：王芳　**出纳**：张平

经济业务(16-2)

银行本票申请书(存根) 1

申请日期：　　年　　月　　日　　　　　　　　　　　　　第　号

申请人		收款人	
账　号 或住址		账　号 或住址	
用　途		代　理 付款行	
汇票金额	人民币 (大写)		千 百 十 万 千 百 十 元 角 分
备注		银行签章	建行东丽支行 业务专用章

此联由申请签发单位或个人留存

经济业务(16-3)

银行业务收费凭证

日期：2010 年 12 月 09 日

户名	天津市红星啤酒股份有限公司	付款账号	159233342567
费用项目	金额	币种：人民币	
工本费		银行盖章：	建设银行东丽支行 20101209 转讫
手续费	1.00		
其他			
合计金额	(小写)：¥1.00	(大写)：壹元整	

经济业务(17-1)

工 资 结 算 单

2010 年 12 月 10 日

单位：元

序号	姓名	应发工资				代扣款项						实发金额
		基本工资	岗位津贴	奖金	小计	养老保险	医疗保险	失业保险	住房公积金	个人所得税	小计	
1	林伟	2 500	300	200	3 000	240	60	30	300	18.5	648.5	2 351.5
2	刘红	2 800	200	200	3 200	256	64	32	320	27.8	699.8	2 500.2
3	郝雷	1 800	200	150	2 150	172	43	21.5	215		451.5	1 698.5
	⋮	⋮	⋮	⋮	⋮	⋮	⋮	⋮	⋮	⋮	⋮	⋮
合计		372 000	22 000	30 000	424 000	33 920	8 480	4 240	42 400	14 440.98	103 480.98	320 519.02

审批：刘奇　　财务主管：李明　　制单：林英

经济业务(17-2)

付 款 申 请 单

2010 年 12 月 10 日　　NO．5268702791

付款部门：财务部	**申请人**：刘飞
付款原因：发放员工工资	
付款方式：现金　转账支票 √　电汇　其他	
付款金额：人民币(大写)叁拾贰万零伍佰壹拾玖元零贰分　小写¥ 320 519.02	
收款单位：天津市红星啤酒股份有限公司工资专户　银行付讫	
开户银行及账号：工商银行东丽支行 168230029321	

单位负责人：刘奇　**财务经理**：李明　**部门负责人**：洪强　**审核**：王芳　**出纳**：张平

经济业务(17-3)

中国工商银行 转账支票存根（津）

EH 02 BB00049525

附加信息

出票日期

收款人：	
金 额：	
用 途：	

单位主管 会计

中国工商银行 转账支票（津） EH 02 BB00049525

本支票付款期限十天

出票日期(大写) 年 月 日 付款行名称：

收款人： 出票人账号：

人民币(大写)	亿	千	百	十	万	千	百	十	元	角	分

用途

上述款项从

我账户内支付

出票人签章

盖章 盖章

（印章：刘奇印）

（印章：天津市红星啤酒股份有限公司 财务专用章）

经济业务（18-1）

（印章：全国统一发票监制章 北京市地方税务总局监制）

公路、内河货物运输业务统一发票（代开）

发 票 联

发票代码：01025479

发票号码：03105428

开票日期： 2010 年 12 月 11 日

机打代码 机打号码 机器编号	01025479 03105428 01025310	税控码	02>31+76613770<>*799334<415<669-/76<*>>>331<835>>+599* 7+>34/<372/7205>92>-2/9923*/0++4>0*284677-4078>6-/83-7 7+878-7205>92>-2/770<>*>>331*28435>>+59934/--54/>*53d>
收货人及纳税人识别号	天津市红星啤酒股份有限公司 12011133557789	承运人及纳税人识别号	北京竭诚运输有限公司 110102459790001
发货人及纳税人识别号	北京长城劳保用品批发公司 110102798710269	主管税务机关及代码	北京市昌平区地方税务局 11010202
运输项目及金额	货物名称 数量（重量） 单位运价 计费里程 金额 劳保用品 200件 1 000.00	其他项目及金额	费用名称 金额 备注：
运费小计	¥1 000.00	其他费用小计	¥0.00
合计（大写）	壹仟元整	（小写）	¥1 000.00

承运人：北京竭诚运输有限公司 开票人：王芳

第一联 发票联 付款方记账凭证

（手写无效）

（印章：北京竭诚运输有限公司 110102459790001 发票专用章）

经济业务(18-2)

付 款 申 请 单

2010 年 12 月 11 日　　　　　　NO. 5268702792

付款部门：采购部	**申请人**：刘云
付款原因：购买劳保用品	
付款方式：现金　　转账支票　　电汇 √　　其他	
付款金额：人民币(大写)壹万贰仟玖佰叁拾肆元整　　小写¥ 12 934.00	
收款单位：北京长城劳保用品批发公司　　银行付讫	
开户银行及账号：中国交通银行昌平支行 08979902345622	

单位负责人：刘奇　**财务经理**：李明　**部门负责人**：洪强　**审核**：王芳　**出纳**：张平

经济业务(18-3)

全国统一发票监制章 国家税务总局监制

增值税专用发票
抵扣联

开票日期　2010 年 12 月 11 日　　　　　NO. 00529478

购货单位	名称	天津市红星啤酒股份有限公司	密码区：〈071409+/8*5742/3590　加密版本号：01 51+/〈30+42+/22〈4/5/〉1 806　〈　〈　5-129-9+0-91312 7846672632 4/*6753〉〉2-8+859/〉〉40　5650642
	纳税人识别号	1201113557789	
	地址、电话	天津市东丽区第六大道 108 号 60080066	
	开户行及账号	中国建设银行东丽支行 159223342567	

货物及应税劳务名称	规格型号	单位	数量	单价	金额	税率	税额
劳保用品		件	200	51.00	10 200.00	17%	1 734.00
合计					10 200.00		1 734.00
价税合计(大写)	零仟零佰零拾壹万壹仟玖佰叁拾肆元零角零分					(小写)	11 934.00

销货单位	名称	北京长城劳保用品批发公司	备注
	纳税人识别号	110102198710269	
	地址、电话	北京市昌平区科技园 6 号 27365347	
	开户行及账号	中国交通银行昌平支行 08979902345622	

第一联 抵扣联 购货方抵扣凭证

收款人：杨建　　　　**销货单位(盖章)**

北京长城劳保用品批发公司 110102198710269 发票专用章

经济业务(18-4)

全国统一发票监制章 国家税务总局监制

增值税专用发票
发票联

开票日期　2010　年　12　月　11　日　　**NO.** 00529478

购货单位			密码区
购货单位	名称	天津市红星啤酒股份有限公司	〈071409+/8*5742/3590　加密版本号：01 51+/〈30+42+/22〈4/5/〉1 806　〈　〈　5-129-9+0-91312 7846672632 4/*6753〉〉2-8+859/〉〉40　5650642
	纳税人识别号	12011133557789	
	地址、电话	天津市东丽区第六大道108号60080066	
	开户行及账号	中国建设银行东丽支行 159233342567	

货物及应税劳务名称	规格型号	单位	数量	单价	金额	税率	税额
劳保用品		件	200	51.00	10 200.00	17 %	1 734.00
合计					10 200.00		1 734.00
价税合计(大写)	零仟零佰零拾壹万壹仟玖佰叁拾肆元零角零分					(小写)	11 934.00

销货单位			备注
销货单位	名称	北京长城劳保用品批发公司	
	纳税人识别号	110102798710269	
	地址、电话	北京市昌平区科技园6号27365347	
	开户行及账号	中国交通银行昌平支行08979902345622	

北京长城劳保用品批发公司 110102798710269 发票专用章

收款人：杨建　　　　销货单位(盖章)

第二联发票联购货方记账凭证

经济业务(18-5)

商品验收及入库单

2010年12月11日

供货单位：北京长城劳保用品批发公司　　　　NO. 31124288

名称	规格型号	进价				检验	
		单位	数量	单价	金额	合格	不合格
劳保用品		件	200		10 200.00	200	
合　计			200		10 200.00		

仓库负责人：孙宁　　　　检验人：赵天　　　　收货人：钱星

经济业务(18-6)

银行电汇凭证(回单) 1

□普通 □加急　　　　委托日期　　年　　月　　日

汇款人	全　称		收款人	全　称											
	账　号			账　号											
	汇出地点	省　　市/县		汇入地点	省　　市/县										
汇出行名称			汇入行名称												
金额	人民币(大写)				亿	千	百	十	万	千	百	十	元	角	分
汇出行签章 建设银行东丽支行 20101211 转讫			支付密码												
			附加信息及用途： 复核　　记账												

此联汇出行给汇款人的回单

经济业务(19-1)

增值税专用发票

抵扣联

全国统一发票监制章 天津 国家税务总局监制

开票日期　2010　年　12　月　11　日　　　　NO．00528475

购货单位	名称	天津市红星啤酒股份有限公司			密码区	〈071409+/8*5742/3590　加密版本号：01 51+/〈30+42+/22〈4/5/〉1 806　〈　〈　5-129-9+0-91312 7846672632 4/*6753　〉〉　2-8+859/　〉〉　40 5650642	
	纳税人识别号	1201113557789					
	地址、电话	天津市东丽区第六大道 108 号 60080066					
	开户行及账号	中国建设银行东丽支行 159233342567					
货物及应税劳务名称	规格型号	单位	数量	单价	金额	税率	税额
9 度清爽啤酒商标		张	3 000 000	0.01	30 000.00	17　%	5 100.00
纸箱		只	200 000	0.5	100 000.00	17　%	17 000.00
合计					130 000.00		22 100.00
价税合计(大写)	零仟零佰壹拾伍万贰仟壹佰零拾零元零角零分					(小写)	152 100.00
销货单位	名称	天津鸿风印刷厂			备注	天津鸿风印刷厂 120008789463239 发票专用章	
	纳税人识别号	120008789463239					
	地址、电话	天津市河西区下瓦房 68 号 36725348					
	开户行及账号	天津银行河西支行 04027365145321					

收款人：杨兴　　　　销货单位(盖章)

第一联抵扣联购货方抵扣

经济业务(19-2)

增值税专用发票
发票联

开票日期　2010　年　12　月　11　日　　　　**NO.** 00528475

购货单位	名称	天津市红星啤酒股份有限公司			密码区	〈071409+/8*5742/3590　加密版本号：01 51+/〈30+42+/22〈4/5/〉1 806　〈　〈　5-129-9+0-91312 7846672632 4/*6753　〉〉　2-8+859/　〉〉　40 5650642	
	纳税人识别号	12011133557789					
	地址、电话	天津市东丽区第六大道 108 号 60080066					
	开户行及账号	中国建设银行东丽支行　159233342567					

货物及应税劳务名称	规格型号	单位	数量	单价	金额	税率	税额
9 度清爽啤酒商标		张	3 000 000	0.01	30 000.00	17　%	5 100.00
纸箱		只	200 000	0.5	100 000.00	17　%	17 000.00
						%	
						%	
合计					130 000.00	%	22 100.00
价税合计(大写)	零仟零佰壹拾伍万贰仟壹佰零拾零元零角零分					(小写)	152 100.00

销货单位	名称	天津鸿风印刷厂	备注
	纳税人识别号	120008789463239	
	地址、电话	天津市河西区下瓦房 68 号 36725348	
	开户行及账号	天津银行河西支行 04027365145321	

收款人：杨兴　　　　销货单位(盖章)

天津鸿风印刷厂 120008789463239 发票专用章

第二联发票联购货方记账凭证

经济业务(19-3)

商品验收及入库单

2010 年 12 月 11 日

供货单位：天津鸿风印刷厂　　　　NO. 31124289

名称	规格型号	进价				检验	
		单位	数量	单价	金额	合格	不合格
9 度啤酒商标		张	3 000 000		30 000.00	3 000 000	
纸箱		只	200 000		100 000.00	200 000	
合　计					130 000.00		

仓库负责人：孙宁　　　　检验人：赵天　　　　收货人：钱星

经济业务(20-1)

职工社会保险和住房公积金表

2010 年 11 月

单位：元

项目	企业负担	个人负担	合计
养老保险	84 800	33 920	118 720
医疗保险	42 400	8 480	50 880
失业保险	8 480	4 240	12 720
生育保险	3 392		3 392
工伤保险	848		848
住房公积金	42 400	42 400	84 800
小计	182 320	89 040	271 360

经济业务(20-2)

天津市社会保险基金专用收据

天津市政府性基金票据监制章

2010 年 12 月 11 日

单位名称：天津市红星啤酒股份有限公司　　　　单位代码：762256

当月社会保险明细 养老：118 720.00　医疗：50 880.00　失业：12 720.00 生育：3 392.00　工伤：848.00			
补(预)缴社会保险明细			
付款人账号/现金/支票/ POS	168230028555	票据打印时间	201012111125
社保流水	2010121123658	银行流水	18526
金额 人民币(小写)	¥ 186 560.00		
金额 人民币(大写)	壹拾捌万陆仟伍佰陆拾元整		

天津市社会保险基金管理中心 财务专用章

工行东丽支行 20101211 转讫

收款单位(盖章)：　　　　收款人：李庆升

经济业务(20-3)

天津市公积金汇缴书

2010 年 12 月 11 日　　附清册　张

单位名称	天津市红星啤酒股份有限公司					汇缴 2010 年 11 月份	
公积金账号	20511624079					补缴　人数　人	
缴交金额(大写)	零仟零佰零拾捌万肆仟捌佰零拾零元零角零分					千百十万千百十元角分 ¥ 8 4 8 0 0 0 0	
上月汇缴		本月增加汇缴		本月减少汇缴		本月汇缴	
人数	金额	人数	金额	人数	金额	人数	金额
230	84 800.00					230	84 800.00
付款行	付款账号		支票号码	银行盖章			
工商银行东丽支行	168230028555		0049526	年　月　日			

第一联：银行盖章后交单位记账

经济业务(20-4)

委托收款凭证(付款通知)5

委托日期　2010 年 12 月 11 日　　委托号码：6598762

收款人	全称	天津市社会保险基金管理中心	付款人	全称	天津市红星啤酒股份有限公司
	账号	202256114892233		账号	168230028555
	开户银行	工行天津市分行		开户银行	工行东丽支行
人民币(大写)：壹拾捌万陆仟伍佰陆拾元整					百十万千百十元角分 ¥ 1 8 6 5 6 0 0 0
款项内容	社保基金	委托收款凭据名称	收据	附寄单证数	1 张
备注	付款单位注意： (1) 根据结算方式规定，上列委托收款，在付款期限内未拒付的，即视同全部同意付款，以此联代支款通知。 (2) 如需提前付款或多付、少付款时，应另写书面通知送银行办理。 (3) 如系全部或部分拒付，应在付款期限内另填拒绝付款理由书送银行办理。 收款人开户行盖章				

单位主管：杨博　　会计：蒋华　　复核：黄兰　　记账：黄兰

经济业务(21-1)

付款期限 壹个月

中国建设银行 银行汇票（解讫通知）　3　（津）$\frac{BA}{01}$ 0225140445

出票日期（大写）：贰零壹零年壹拾贰月壹拾贰日　代理付款行：中国建设银行东丽支行　行号：10301047

收款人：北京昌平玻璃厂　账号：06227805691533

出票金额　人民币（大写）壹佰伍拾万元整

实际结算金额　人民币（大写）壹佰贰拾壹万陆仟捌佰元整

千	百	十	万	千	百	十	元	角	分
¥	1	2	1	6	8	0	0	0	0

申请人：天津市红星啤酒股份有限公司　账号：159233342567

出票行：中国建设银行东丽支行　行号：10301047

备　注：采购啤酒瓶及瓶盖

代理付款行签章

密押：

多余金额

千	百	十	万	千	百	十	元	角	分
	¥	2	8	3	2	0	0	0	0

复核　经办　复核　记帐

此联代理付款兑付后随报单寄出票行　由出票行作多余款货方凭证

（印章：行东丽支行 20101212 转讫）

经济业务(21-2)

（印章：全国统一发票监制章 北京 国家税务总局监制）

增值税专用发票

抵扣联

开票日期　2010 年 12 月 12 日　　NO．00254895

购货单位	名称	天津市红星啤酒股份有限公司	密码区：〈071409+/8*5742/3590　加密版本号：01 51+/〈30+42+/22〈4/5/〉1 806　〈　〈　5-129-9+0-91312 7846672632 4/*6753〉〉2-8+859/〉〉40　5650642
	纳税人识别号	1201113557789	
	地址、电话	天津市东丽区第六大道 108 号 60080066	
	开户行及账号	中国建设银行东丽支行 159233342567	

货物及应税劳务名称	规格型号	单位	数量	单价	金额	税率	税额
啤酒瓶		个	2 000 000	0.50	1 000 000.00	17　%	170 000.00
啤酒盖		只	2 000 000	0.02	40 000.00	17　%	6 800.00
						%	
						%	
合计					1 040 000.00	%	176 800.00
价税合计(大写)	零仟壹佰贰拾壹万陆仟捌佰零拾零元零角零分					(小写)	1 216 800.00

销货单位	名称	北京昌平玻璃厂	备注
	纳税人识别号	110102798730224	
	地址、电话	北京市昌平区红日路 39 号 58247836	
	开户行及账号	中国建设银行昌平支行 06227805691533	

收款人：郑燕　　销货单位(盖章)

（印章：北京昌平玻璃厂 110102798730224 发票专用章）

第一联　抵扣联　购货方抵扣凭证

经济业务(21-3)

增值税专用发票
发票联

全国统一发票监制章 北京 国家税务总局监制

开票日期　2010　年　12　月　12　日　　　　**NO.** 00254895

购货单位	名称	天津市红星啤酒股份有限公司			密码区	〈071409+/8*5742/3590　加密版本号：01 51+/〈30+42+/22〈4/5/〉1 806〈〈5-129-9+0-91312　7846672632 4/*6753〉〉2-8+859/〉〉40　5650642	
	纳税人识别号	12011133557789					
	地址、电话	天津市东丽区第六大道 108 号 60080066					
	开户行及账号	中国建设银行东丽支行 159233342567					

货物及应税劳务名称	规格型号	单位	数量	单价	金额	税率	税额
啤酒瓶		个	2 000 000	0.50	1 000 000.00	17　%	170 000.00
啤酒盖		只	2 000 000	0.02	40 000.00	17　%	6 800.00
						%	
						%	
合计					1 040 000.00	%	176 800.00
价税合计(大写)	零仟壹佰贰拾壹万陆仟捌佰零拾零元零角零分					(小写)	¥1 216 800.00

销货单位	名称	北京昌平玻璃厂	备注
	纳税人识别号	110102798730224	
	地址、电话	北京市昌平区红日路 39 号 58247836	
	开户行及账号	中国建设银行昌平支行 06227805691533	

北京昌平玻璃厂 110102798730224 发票专用章

第二联发票联购货方记账凭证

收款人：郑燕　　　　销货单位(盖章)

经济业务(21-4)

商品验收及入库单

供货单位：昌平玻璃厂　　　　2010 年 12 月 12 日　　　　NO. 31124290

名称	规格型号	进价				检验	
		单位	数量	单价	金额	合格	不合格
啤酒瓶		个	2 000 000	0.5	1 000 000	2 000 000	
啤酒盖		只	2 000 000	0.02	40 000	2 000 000	
合　　计					1 040 000		

仓库负责人：孙宁　　　　检验人：赵天　　　　收货人：钱星

经济业务(22-1)

商业承兑汇票 2

$\frac{AA}{01}$ **0052846655**

出票日期(大写)：贰零壹零 年 壹拾贰 月 壹拾叁 日

付款人	全　　称	石家庄市大宏食品有限公司	收款人	全　　称	天津市红星啤酒股份有限公司
	账　　号	04002781002560		账　　号	168230028555
	开户银行	中国建设银行京东区支行		开户银行	中国工商银行东丽支行
出 票 金 额		人民币(大写)：伍佰捌拾伍万贰仟元整			
汇票到日期(大写)		贰零壹壹年零叁月壹拾叁日	付款人开户行	行　号	10302530
交易合同号码		2010121201		地　址	河北省石家庄市京东路

千	百	十	万	千	百	十	元	角	分
¥	5	8	5	2	0	0	0	0	0

本汇票已经承兑　到期无条件支付票款 承兑人签章 承兑日期：　年　月　日	本票请予以承兑到期日付款 出票人签章　明洪印礼　石家庄市大宏食品有限公司 财务专用章

此联持票人开户行随托收凭证寄付款人开户行作借方

经济业务(22-2)

产 品 出 库 单

2010 年 12 月 13 日

NO. 533134

购货单位	产品名称及型号	单位	数量	备注
石家庄市大宏食品有限公司	9 度清爽啤酒	箱	50 000	
	10 度淡爽啤酒	箱	60 000	

仓库负责人：孙宁　　　经办人：钱星　　　提货人：万伟

经济业务(22-3)

付 款 申 请 单

2010 年 12 月 13 日

NO. 5268702793

付款部门：销售部　　**申请人：**万伟

付款原因：销售产品代垫运费

付款方式：现金　　转账支票√　　电汇　　其他

付款金额：人民币(大写)：贰仟元整　　小写：¥2 000.00

收款单位：天津大发物流公司　　银行付讫

开户银行及账号：中国交通银行西青支行 063679802342536

单位负责人：刘奇　**财务经理：**李明　**部门负责人：**洪强　**审核：**王芳　**出纳：**张平

经济业务(22-4)

中国工商银行
转账支票存根(津)
$\frac{EH}{02}$ BB00049527

附加信息

出票日期

收款人：
金　额：
用　途：

单位主管　　会计

中国工商银行 转账支票 (津)　$\frac{EH}{02}$ BB00049527

本支票付款期限十天

出票日期(大写)　年　月　日　付款行名称：

收款人：　出票人账号：

人民币(大写)	亿	千	百	十	万	千	百	十	元	角	分

用途

上述款项从
我账户内支付
出票人签章

刘奇印

五星啤酒股份有限公司 财务专用章

盖章　盖章

经济业务(22-5)

增值税专用发票

记账联

开票日期　2010 年 12 月 13 日　　NO. 02154634

购货单位	名称	石家庄市大宏食品有限公司		密码区	〈071409+/8*5742/3590　加密版本号：01 51+/〈30+42+/22〈4/5/〉1 806　〈　〈　5-129-9+0-91312 7846672632 4/*6753〉〉2-8+859/〉〉40　5650642		
	纳税人识别号	140503692335245					
	地址、电话	河北省石家庄市京东路 98 号 33058238					
	开户行及账号	中国建设银行京东区支行 04002781002560					
货物及应税劳务名称	规格型号	单位	数量	单价	金额	税率	税额
9 度清爽啤酒		箱	50 000	40.00	2 000 000.00	17 %	340 000.00
10 度淡爽啤酒		箱	60 000	50.00	3 000 000.00	17 %	510 000.00
						%	
						%	
合计					5 000 000.00	%	850 000.00
价税合计(大写)	零仟伍佰捌拾伍万零仟零佰零拾零元零角零分					(小写)	5 850 000.00
销货单位	名称	天津市红星啤酒股份有限公司				备注	
	纳税人识别号	12011133557789					
	地址、电话	天津市东丽区第六大道 108 号　60080066					
	开户行及账号	中国工商银行股份有限公司东丽支行　168230028555					

第三联记账联销售方记账凭证

收款人：张平　　　　销货单位(盖章)

经济业务(23)

付款期限　壹个月

中国建设银行

银行汇票（多余款收账通知）　4　（津）$\frac{BA}{01}$0225140445

出票日期(大写)　贰零壹零年壹拾贰月壹拾肆日　　代理付款行：中国建设银行昌平支行　行号：10302021

收款人：	天津市红星啤酒股份有限公司	账号：	159233342567
出票金额	人民币(大写) 壹佰伍拾万元整		
实际结算金额	人民币(大写) 壹佰贰拾壹万陆仟捌佰元整	千百十万千百十元角分	¥1216800000

申请人：天津市红星啤酒股份有限公司　　账号：159233342567

出票行：中国建设银行东丽支行　行号：10301047

备　注：

密押：	左列退回多余金额已收入你账户内
多余金额	
千百十万千百十元角分	
¥28320000 0	

出票行签章　（建设银行东丽支行 20101214 转讫）　年　月　日

此联出票行结清多余款后交申请人

经济业务(24-1)

付 款 申 请 单

2010 年 12 月 15 日　　　　NO．5268702794

付款部门：采购部	**申请人**：刘云
付款原因：采购设备	
付款方式：现金　　转账支票　　电汇 √　　其他	
付款金额：人民币(大写)肆万贰仟壹佰贰拾元整　　小写¥ 42 120.00	
收款单位：飞鸿机械设备公司　　银行付讫	
开户银行及账号：北京银行昌平支行 06078005340836	

单位负责人：刘奇　**财务经理**：李明　**部门负责人**：洪强　**审核**：王芳　**出纳**：张平

经济业务(24-2)

增值税专用发票

抵扣联

开票日期 2010 年 12 月 15 日　　　　NO. 03032400

购货单位			密码区	
购货单位	名称	天津市红星啤酒股份有限公司	密码区	〈071409+/8*5742/3590　加密版本号：01
购货单位	纳税人识别号	1201113557789	密码区	51+/〈30+42+/22〈4/5/〉1
购货单位	地址、电话	天津市东丽区第六大道 108 号 60080066	密码区	806〈〈5-129-9+0-91312　7846672632
购货单位	开户行及账号	中国工商银行东丽支行　168230028555	密码区	4/*6753〉〉2-8+859/〉〉40　5650642

货物及应税劳务名称	规格型号	单位	数量	单价	金额	税率	税额
糖化锅		台	2	18 000.00	36 000.00	17 %	6 120.00
						%	
						%	
						%	
合计					36 000.00	%	6 120.00
价税合计(大写)	零仟零佰零拾肆万贰仟壹佰贰拾零元零角零分					(小写)	¥42 120.00

销货单位			
销货单位	名称	北京飞鸿机械设备公司	备注
销货单位	纳税人识别号	110102798715226	
销货单位	地址、电话	北京市昌平区胜利路 92 号 58263478	
销货单位	开户行及账号	北京银行昌平支行 06078005340836	

（印章：北京飞鸿机械设备公司 110102798715226 发票专用章）

收款人：郑燕　　　　销货单位(盖章)

第一联 抵扣联 购货方抵扣凭

经济业务(24-3)

增值税专用发票

发票联

开票日期 2010 年 12 月 15 日　　　　NO．03032400

购货单位	名称	天津市红星啤酒股份有限公司			密码区	〈071409+/8*5742/3590　加密版本号：01 51+/〈30+42+/22〈4/5/〉1 806〈〈5-129-9+0-91312　7846672632 4/*6753〉〉2-8+859/〉〉40　5650642	
	纳税人识别号	120111335577789					
	地址、电话	天津市东丽区第六大道 108 号 60080066					
	开户行及账号	中国工商银行东丽支行　168230028555					

货物及应税劳务名称	规格型号	单位	数量	单价	金额	税率	税额
糖化锅		台	2	18 000.00	36 000.00	17　%	6 120.00
						%	
						%	
						%	
合计					36 000.00	%	6 120.00
价税合计(大写)	零仟零佰零拾肆万贰仟壹佰贰拾零元零角零分					(小写)	￥42 120.00

销货单位	名称	北京飞鸿机械设备公司	
	纳税人识别号	110102798715226	
	地址、电话	北京市昌平区胜利路 92 号 58263478	
	开户行及账号	北京银行昌平支行 06078005340836	

收款人：郑燕　　　　销货单位(盖章)

第二联　发票联　购货方记账凭证

(印章：全国统一发票监制章　天津　国家税务总局监制)

(印章：北京飞鸿机械设备公司　110102798715226　发票专用章)

经济业务(24-4)

银行电汇凭证(回 单)1

■普通 □加急　　　　委托日期　　年　　月　　日

<table>
<tr><td rowspan="3">汇款人</td><td>全 称</td><td></td><td rowspan="3">收款人</td><td>全 称</td><td colspan="11"></td></tr>
<tr><td>账 号</td><td></td><td>账 号</td><td colspan="11"></td></tr>
<tr><td>汇出地点</td><td>省 市/县</td><td>汇入地点</td><td colspan="11">省 市/县</td></tr>
<tr><td colspan="2">汇出行名称</td><td></td><td colspan="2">汇入行名称</td><td colspan="11"></td></tr>
<tr><td rowspan="2">金额</td><td rowspan="2">人民币
(大写)</td><td colspan="3" rowspan="2"></td><td>亿</td><td>千</td><td>百</td><td>十</td><td>万</td><td>千</td><td>百</td><td>十</td><td>元</td><td>角</td><td>分</td></tr>
<tr><td></td><td></td><td></td><td></td><td></td><td></td><td></td><td></td><td></td><td></td><td></td></tr>
<tr><td colspan="3" rowspan="2">汇出行签章
工商银行东丽支行
20101215
转讫</td><td colspan="2">支付密码</td><td colspan="11"></td></tr>
<tr><td colspan="13">附加信息及用途：
复核　　　　记账</td></tr>
</table>

此联汇出行给汇款人的回单

经济业务(25-1)

现金折扣计算表

年　　月　　日

客户名称：	
应收货款(大写)：	¥
现金折扣比例：	
现金折扣(大写)：	¥
实际结算金额(大写)：	¥

审批：李明　　　　审核：王芳　　　　制单：赵红

经济业务(25-2)

工商银行汇入款项通知书(来账)

2010 年 12 月 16 日

公司名称：天津市红星啤酒股份有限公司
收款人账号：168230028555
收款人地址：天津市东丽区第六大道 108 号
入账金额(大写)：人民币贰佰陆拾贰万贰仟元整　　金额(小写)：¥ 2 622 000.00
业务编号：10258600002010-12-1678　　入账日期：2010-12-16
汇入行行名：中国工商银行东丽支行
汇出行行名：中国银行河北分行
汇出日期：2010-12-15　　汇出编号：00065268
汇款人账号：81254378063278
汇款人名称：河北昌盛啤酒经销有限公司
汇款人地址：河北省石家庄市梨园路 325 号
附　　言：
备　　注：
授　　权：　　复核：　　经办：
银行签章：

工商银行东丽支行
20101216
转讫

经济业务(26-1)

市服务业务统一发票

No. 37738384

客户：天津红星啤酒股份有限公司　　地址：东丽区第六大道 108 号　　日期：2010 年 12 月 17 日

品名	单位	数量	单价	金额							
				十	万	千	百	十	元	角	分
餐费							8	0	0	0	0
合计人民币大写	捌佰元整					¥	8	0	0	0	0
备注											

②发票联

发票专用章(未盖章无效)：　　开票人：张丽　　收款人：李方

经济业务(26-2)

费用报销单

单位：销售部　　　　2010 年 12 月 17 日　　　　编号：701423

开支内容	金额	结算方式
业务招待费	800.00	1. 冲借款＿＿＿＿元 2. 转　账＿＿＿＿元 3. 汇　款＿＿＿＿元 4. 现金付讫¥ 800.00　元 现金付讫
金额小计	¥ 800.00	
合计(大写)：捌佰元整		

单位负责人：刘奇　　会计：李明　　经手人：王庆国　　出纳：张平

经济业务(27)

商品验收及入库单

2010 年 12 月 18 日

供货单位：河北利民啤酒用品有限公司　　　　NO．31124291

名称	规格型号	进价				检验	
		单位	数量	单价	金额	合格	不合格
酒花		吨	2	9 200	18 400	2	
酵母		千克	400	320	128 000	400	
合　计					146 400		

仓库负责人：孙宁　　　　检验人：赵天　　　　收货人：钱星

经济业务(28-1)

广告业专用发票
发票联

No. 74755932

客户名称：天津红星啤酒股份有限公司日期：2010 年 12 月 18 日

项　目	单　位	数量	单　价	金额 千	百	十	万	千	百	十	元	角	分
广告宣传费					1	2	0	0	0	0	0	0	0
合计人民币(大写)	壹佰贰拾万元整			¥	1	2	0	0	0	0	0	0	0

②发票联

单位章(未盖章无效)：　　　　开票人：刘畅

经济业务(28-2)

付　款　申　请　单

2010 年 12 月 18 日　　　　NO. 5268702795

付款部门：销售部	**申请人**：万伟
付款原因：支付广告费	
付款方式：现金　　转账支票 √　　电汇　　其他	
付款金额：人民币(大写)壹佰贰拾万元整	小写¥ 1 200 000.00
收款单位：天津市方正广告公司	银行付讫
开户银行及账号：北京银行天津支行 06098004340937	

单位负责人：刘奇　**财务经理**：李明　**部门负责人**：洪强　**审核**：王芳　**出纳**：张平

经济业务(28-3)

中国工商银行
转账支票存根（津）
$\frac{EH}{02}$ BB00049528

附加信息

出票日期

收款人：
金　额：
用　途：

单位主管　　会计

中国工商银行 转账支票（津）　$\frac{EH}{02}$ BB00049528

本支票付款期限十天

出票日期(大写)　　年　　月　　日　　付款行名称：
收款人：　　出票人账号：

人民币(大写)	亿	千	百	十	万	千	百	十	元	角	分

用途

上述款项从
我账户内支付
出票人签章
盖章　盖章

刘奇印

经济业务(29-1)

差旅费报销单

部门名称：销售部　　填报日期：2010 年 12 月 19 日　　金额：4072 元

姓名	高园园	职务		出差时间	2010 年 12 月 01 日至 2010 年 12 月 19 日
出差事由	前往深圳参加招商会议				

日期		起止地点		运输工具		住宿费	伙食补贴	招待费用	其他费用
月	日	起	止	类别					
12	01	天津	深圳	火车	596.00	2 400.00		480.00	
12	18	深圳	天津	火车	596.00				
小计					1 192.00	2 400.00		480.00	
总计金额（大写）	肆仟零柒拾贰元整								

审批：李明　　审核：赵红　　填报人：高园园

经济业务(29-2)

收　款　收　据

年　　月　　日　　NO．1158945

交款单位		交款方式											
人民币（大写）		万	千	百	十	万	千	百	十	元	角	分	
交款事由													

第三联　记账联

收款单位：　（印章：……啤酒股份有限公司 财务专用章）　　会计：　　出纳：

经济业务(30-1)

公路、内河货物运输业务统一发票(代开)

全国统一发票监制章 河南省地方税务总局监制

发票代码：033120201445

发 票 联

发票号码：03312012

开票日期： 2010 年 12 月 20 日

机打代码 机打号码 机器编号	033120201445 03312012 03312933	税控码	02>31+76613770<>*799334<415<669-/76<*>>>331<835>>+599* 7+>34/<372/7205>92>-2/9923*/0++4>0*284677-4078>6-/83-7 7+878-7205>92>-2/770<>*>>331*28435>>+59934/--54/>*53d>
收货人及 纳税人识别号	天津市红星啤酒股份有限公司 12011133557789	承运人及 纳税人识别号	河南省郑州贴韵运输有限公司 160502400503831
发货人及 纳税人识别号	河南鼎盛批发有限公司 160502400503241	主管税务机关 及代码	郑州市金水区地方税务局 16050202

货物名称	数量(重量)	单位运价	计费里程	金额	其他项目及金额	费用名称	金额	备注：
大麦芽	300			10 000.00				

运费小计	¥ 10 000.00	其他费用小计	¥ 0.00
合计(大写)	⊗壹万元整	(小写)	¥ 10 000.00

河南省郑州贴韵运输有限公司 160502400503831 发票专用章

承运人：河南省郑州贴韵运输有限公司　　开票人：张谢

第一联 发票联 付款方记账凭证

(手写无效)

附 录

经济业务(30-2)

商品验收及入库单

2010 年 12 月 20 日

供货单位：河南鼎盛批发有限公司　　　　NO．31124292

名称	规格型号	进价				检验	
		单位	数量	单价	金额	合格	不合格
大麦芽		吨	300	4 500	1 350 000	300	
合计					1 350 000		

仓库负责人：孙宁　　　　检验人：赵天　　　　收货人：钱星

经济业务(30-3)

增值税专用发票
抵扣联

国家税务总局监制

开票日期 2010 年 12 月 20 日 **NO. 03242236**

购货单位	名称	天津市红星啤酒股份有限公司	密码区：〈071409+/8*5742/3590 加密版本号：01 51+/〈30+42+/22〈4/5/〉1 806〈〈5-129-9+0-91312 7846672632 4/*6753〉〉2-8+859/〉〉40 5650642
	纳税人识别号	1201113557789	
	地址、电话	天津市东丽区第六大道 108 号 60080066	
	开户行及账号	中国工商银行东丽支行 168230038555	

货物及应税劳务名称	规格型号	单位	数量	单价	金额	税率	税额
大麦芽		吨	300	4 500.00	1 350 000.00	17 %	229 500.00
						%	
						%	
合计					1 350 000.00	%	229 500.00
价税合计(大写)	零 仟 壹 佰 伍 拾 柒 万 玖 仟 伍 佰 零 拾 零 元 零 角 零 分					(小写)	¥1 579 500.00

销货单位	名称	河南鼎盛批发有限公司	备注
	纳税人识别号	160502400503241	
	地址、电话	河南省郑州市广场西路 147 号 37582553	
	开户行及账号	中国农业银行郑州分行 61324560782532	

（印章：河南鼎盛批发有限公司 160502400503241 发票专用章）

收款人：张良 销货单位(盖章)

第一联 抵扣联 购货方抵扣凭证

附录

经济业务(30-4)

增值税专用发票

发票联

国家税务总局监制

开票日期 2010 年 12 月 20 日　　　　NO. 03242236

购货单位	名称	天津市红星啤酒股份有限公司			密码区	〈071409+/8*5742/3590　加密版本号：01 51+/〈30+42+/22〈4/5/〉1 806〈〈5-129-9+0-91312　7846672632 4/*6753〉〉2-8+859/〉〉40　5650642	
	纳税人识别号	12011133557789					
	地址、电话	天津市东丽区第六大道 108 号 60080066					
	开户行及账号	中国工商银行东丽支行 168230038555					

货物及应税劳务名称	规格型号	单位	数量	单价	金额	税率	税额
大麦芽		吨	300	4 500.00	1 350 000.00	17 %	229 500.00
						%	
						%	
合计					1 350 000.00	%	229 500.00
价税合计(大写)	零 仟 壹 佰 伍 拾 柒 万 玖 仟 伍 佰 零 拾 零 元 零 角 零 分					(小写)	¥1 579 500.00

销货单位	名称	河南鼎盛批发有限公司	备注
	纳税人识别号	160502400503241	
	地址、电话	河南省郑州市广场西路 147 号 37582553	
	开户行及账号	中国农业银行郑州分行 61324560782532	

河南鼎盛批发有限公司 160502400503241 发票专用章

收款人：张良　　　　销货单位(盖章)

第二联发票联购货方记账凭证

经济业务(31-1)

公路、内河货物运输业务统一发票(代开)

全国统一发票监制章 天津市地方税务局监制

发 票 联

发票代码：033120201445
发票号码：03312012

开票日期： 2010 年 12 月 21 日

机打代码 机打号码 机器编号	022103533022 02242031 022454320018	税控码	02>31+76613770<>*799334<415<669-/76<*>>>331<835>>+599* 7+>34/<372/7205>92>-2/9923*/0++4>0*284677-4078>6-/83-7 7+878-7205>92>-2/770<>*>>331*28435>>+59934/--54/>*53d>
收货人及纳税人识别号	天津市红星啤酒股份有限公司 12011133557789	承运人及纳税人识别号	天津德政运输有限公司 120112530119760
发货人及纳税人识别号	个人	主管税务机关及代码	天津市蓟县地方税务局 12011202
运输项目及金额	货物名称 数量(重量) 单位运价 计费里程 金额 大米 50 5 000.00	其他项目及金额	费用名称 金额 / 备注：
运费小计	¥ 5 000.00	其他费用小计	¥ 0.00
合计(大写)	⊗伍仟元整	(小写)	¥ 5 000.00

天津德政运输有限公司 120112530119760 发票专用章

承运人：天津德政运输有限公司　　　　开票人：廖辉

第一联 发票联 付款方记账凭证

(手写无效)

经济业务(31-2)

商品验收及入库单

供货单位：农户　　　　2010 年 12 月 21 日　　　　NO．31124293

名称	规格型号	进价				检验	
		单位	数量	单价	金额	合格	不合格
大米		吨	50	3 200.00	160 000.00	50	
合　计					160 000.00		

仓库负责人：孙宁　　　　检验人：赵天　　　　收货人：钱星

经济业务(31-3)

收　　据

2010 年 12 月 21 日

兹收到　天津市红星啤酒股份有限公司

交来　收购大米款

人民币(大写)壹拾陆万元整　　　　(小写) ¥160 000.00

收款人：刘国强

经济业务(31-4)

付　款　申　请　单

2010 年 12 月 21 日　　　　NO．5268702796

付款部门：采购部	**申请人**：王宁
付款原因：支付收购大米款	
付款方式：现金　　转账支票 √　　电汇　　其他	
付款金额：人民币(大写)伍仟元整　　小写¥ 5 000.00	
收款单位：天津德政运输有限公司　　银行付讫	
开户银行及账号：中国农业银行虹桥支行　0522613478950	

单位负责人：刘奇　**财务经理**：李明　**部门负责人**：洪强　**审核**：王芳　**出纳**：张平

经济业务(31-5)

付　款　申　请　单

2010 年 12 月 21 日　　NO. 5268702797

付款部门：采购部	**申请人**：王宁
付款原因：支付收购大米款	
付款方式：现金 √　　转账支票　　电汇　　其他	
付款金额：人民币(大写)：壹拾陆万元整　　小写¥ 160 000.00	
收款单位：刘国强　　银行付讫	
开户银行及账号：	

单位负责人：刘奇　**财务经理**：李明　**部门负责人**：洪强　**审核**：王芳　**出纳**：张平

经济业务(31-6)

中国工商银行
转账支票存根(津)
EH/02 BB00049529
附加信息
出票日期
收款人：
金　额：
用　途：
单位主管　　会计

中国工商银行 转账支票 (津)　EH/02 BB00049529
本支票付款期限十天
出票日期(大写)　年　月　日　付款行名称：
收款人：　出票人账号：
人民币(大写)　亿 千 百 十 万 千 百 十 元 角 分
用途
上述款项从
我账户内支付
出票人签章
盖章　盖章
刘奇印　财务专用章

经济业务(31-7)

中国工商银行
现金支票存根(津)
EH/02 BD00025437
附加信息
出票日期
收款人：
金　额：
用　途：
单位主管　　会计

中国工商银行 现金支票 (津)　EH/02 BD00025437
本支票付款期限十天
出票日期(大写)　年　月　日　付款行名称：
收款人：　出票人账号：
人民币(大写)　亿 千 百 十 万 千 百 十 元 角 分
用途
上述款项从
我账户内支付
出票人签章
盖章　盖章
刘奇印　财务专用章

经济业务(32-1)

银行计(付)利息清单

日期：2010 年 12 月 21 日　　总字第 105 号 专字第 031 号

<table>
<tr><td>户名</td><td colspan="3">天津市红星啤酒股份有限公司</td><td colspan="2">账号</td><td colspan="4">168230028555</td><td rowspan="5">会计分录：
(付)
对方科目(收)
复核 记账
制票
(银行盖章)
年 月 日
工商银行东丽支行
20101221
模拟
转讫</td></tr>
<tr><td colspan="2">计息计算时间</td><td colspan="8">2010 年 09 月 21 日 至 2010 年 12 月 21 日</td></tr>
<tr><td>积数</td><td colspan="3">103 134 000.00</td><td colspan="2">利率</td><td colspan="4">月息 0.3 ‰</td></tr>
<tr><td rowspan="2">利息金额
人民币 壹仟零叁拾壹元叁角肆分
(大写)</td><td>百</td><td>十</td><td>万</td><td>千</td><td>百</td><td>十</td><td>元</td><td>角</td><td>分</td></tr>
<tr><td></td><td></td><td>¥</td><td>1</td><td>0</td><td>3</td><td>1</td><td>3</td><td>4</td></tr>
</table>

经济业务(32-2)

银行计(付)利息清单

日期：2010 年 12 月 21 日　　总字第 118 号 专字第 025 号

<table>
<tr><td>户名</td><td colspan="3">天津市红星啤酒股份有限公司</td><td colspan="2">账号</td><td colspan="4">159233342567</td><td rowspan="5">会计分录：
(付)
对方科目(收)
复核 记账
制票
(银行盖章)
年 月 日
建设银行东丽支行
20101221
模拟
转讫</td></tr>
<tr><td colspan="2">计息计算时间</td><td colspan="8">2010 年 09 月 21 日 至 2010 年 12 月 21 日</td></tr>
<tr><td>积数</td><td colspan="3">221 542 000.00</td><td colspan="2">利率</td><td colspan="4">月息 0.3 ‰</td></tr>
<tr><td rowspan="2">利息金额
人民币 贰仟贰佰壹拾伍元肆角贰分
(大写)</td><td>百</td><td>十</td><td>万</td><td>千</td><td>百</td><td>十</td><td>元</td><td>角</td><td>分</td></tr>
<tr><td></td><td></td><td>¥</td><td>2</td><td>2</td><td>1</td><td>5</td><td>4</td><td>2</td></tr>
</table>

经济业务(33)

证券中央登记结算公司

2010 年 12 月 22 日 **成交过户交割凭单 买**

股东编号	1008527	成交证卷	中信证券
电脑编号	Z22534	成交数量	80 000
公司名称/代号	600030	成交价格	10.50
申报编号	0732	成交金额	840 000.00
申报时间	10：09	标准佣金	2 520.00
成交时间	10：10	过户费用	80.00
上次余额	0	印花税	
本次成交	80 000	应付金额	842 600.00
本次余额	80 000	最终余额	80 000
附加费用		实付金额	842 600.00

经办单位 客户签章

③通知联

申银万国证券股份有限公司 业务专用章

经济业务(34-1)

天津市东丽区电信有限公司电信业专用发票

全国统一发票监制章 天津 地方税务局监制

发票联

日期： 2010 年 12 月 23 日 NO. 66116881

号 码：60080066—60080075				业务种类：
用户名称: 红星啤酒股份有限公司	本账务期 2010 年 11 月 01 日至 2010 年 11 月 30 日			付款方式: 委托收款
项 目	金 额	项 目	金 额	备注：
月租费	200．00	市内话费 长途话费	1 253.60 4 229.36	1.本发票仅限于中国电信电话卡零售处的其他各类电信业务 2.本发票于 2011 年年底过期作废
大写金额	伍仟陆佰捌拾贰元玖角陆分		小写金额	¥5 682.96

开票人：张琴 收款人：李茗

②收执方付款凭证

中国电信天津东丽分公司 结算专用章

经济业务(34-2)

托收凭证（付款通知）　　5

委托日期：2010 年 12 月 23 日　　　　付款期限：2010 年 12 月 23 日

业务类型	委托收款(■邮划、□电划)　托收承付(□邮划、□电划)						
付款人	全称	天津市红星啤酒股份有限公司		收款人	全称	天津市东丽区电信局	
	账号	168230028555			账号	168543992002218	
	地址	东丽区第六大道 108 号	开户行：工行东丽支行		地址	东丽区和平路	开户行：天津银行东丽支行
金额	人民币(大写)：伍仟陆佰捌拾贰元玖角陆分						

亿	千	百	十	万	千	百	十	元	角	分
				¥	5	6	8	2	9	6

款项内容	电话费	托收凭据名称	发票	附寄单证张数	1 张
商品发运证件		合同名称号码			

备注：	付款人开户银行签章	付款人注意：
付款人开户银行收到日期 年　月　日 复核：　记账：	工行东丽支行 20101223 转讫 2010 年 12 月 23 日	1.根据支付结算办法，上列委托收款(托收承付)款项在付款期限内未提出拒付，即视为同意付款，以此代付款通知。 2.如需提出全部或部分拒付，应在规定期限内将拒付理由书并附债务证明退交开户银行。

此联付款人开户银行给付款人按期付款通知

经济业务(35-1)

员工福利(大米)发放表

2010 年 12 月 24 日

部门		姓名及人数	发放物资(千克)	签字
基本生产车间	9 度清爽啤酒工人	刘云等 72 人	7 200	
	10 度淡爽啤酒工人	黄贞等 76 人	7 600	
	管理人员	5 人	500	
辅助生产车间	一车间工人	李平等 18 人	1 800	
	二车间工人	李亮等 9 人	900	
	管理人员	孙正等 3 人	300	
销售网点		赵玫等 7 人	700	
厂部管理人员		朱丹等 40 人	4 000	
合计		230 人	23 000	

审批人：余阳　　财务审核：李明　　制表：李静

经济业务(35-2)

领　料　单

领料部门：办公室　　2010 年 12 月 24 日　　编号：2320

名称	规格	单位	数量		单价	金额	用途
			请领	实领			
大米		千克	23 000	23 000	3.3	75 900	发放员工福利

领料部门负责人：林彤　　领料人：张华　　发料人：张楠

经济业务(36)

设备报废申请单

2010 年 12 月 25 日

固定资产编号及名称	规格型号技术特征	单位	数量	原值	预计残值	已提折旧	净值	报废原因
发酵设备	02257	台	1	85 000.00		74 700.00	10 300	机械故障

审批人：王良　　财务主管：李明　　制表：王芳

经济业务(37-1)

增值税专用发票

记账联

全国统一发票监制章 国家税务总局监制

开票日期 2010 年 12 月 25 日　　NO. 02154635

<table>
<tr><td rowspan="4">购货单位</td><td>名称</td><td colspan="4">天津雪花啤酒厂</td><td rowspan="4">密码区</td><td colspan="3">〈071409+/8*5742/3590 加密版本号：01
51+/〈30+42+/22〈4/5/〉1
806〈〈5-129-9+0-91312 7846672632
4/*6753〉〉2-8+859/〉〉40 5650642</td></tr>
<tr><td>纳税人识别号</td><td colspan="4">120008789457328</td></tr>
<tr><td>地址、电话</td><td colspan="4">天津市南开区红旗路 321 号 22485360</td></tr>
<tr><td>开户行及账号</td><td colspan="4">中国建设银行南开支行红旗路分理处 03201345678902</td></tr>
<tr><td colspan="2">货物及应税劳务名称</td><td>规格型号</td><td>单位</td><td>数量</td><td>单价</td><td>金额</td><td>税率</td><td>税额</td><td></td></tr>
<tr><td colspan="2">大麦芽</td><td></td><td>吨</td><td>200</td><td>5 000.00</td><td>1 000 000.00</td><td>17 %</td><td>170 000.00</td><td></td></tr>
<tr><td colspan="2"></td><td></td><td></td><td></td><td></td><td></td><td>%</td><td></td><td></td></tr>
<tr><td colspan="2"></td><td></td><td></td><td></td><td></td><td></td><td>%</td><td></td><td></td></tr>
<tr><td colspan="2"></td><td></td><td></td><td></td><td></td><td></td><td>%</td><td></td><td></td></tr>
<tr><td colspan="2">合计</td><td></td><td></td><td></td><td></td><td>1 000 000.00</td><td>%</td><td>170 000.00</td><td></td></tr>
<tr><td colspan="2">价税合计(大写)</td><td colspan="5">零 仟 壹 佰 壹 拾 柒 万 零 仟 零 佰 零 拾 零 元 零 角 零 分</td><td>(小写)</td><td colspan="2">¥1 170 000.00</td></tr>
<tr><td rowspan="4">销货单位</td><td>名称</td><td colspan="5">天津市红星啤酒股份有限公司</td><td rowspan="4">备注</td><td rowspan="4" colspan="2"></td></tr>
<tr><td>纳税人识别号</td><td colspan="5">12011133557789</td></tr>
<tr><td>地址、电话</td><td colspan="5">天津市东丽区第六大道 108 号 60080066</td></tr>
<tr><td>开户行及账号</td><td colspan="5">中国工商银行东丽支行 168230028555</td></tr>
</table>

收款人：张平　　销货单位(盖章)

第三联 记账联 销售方记账凭证

经济业务(37-2)

领　料　单

领料部门：销售部　　　　2010年12月25日　　　　编号：2321

名称	规格	单位	数量		单价	金额	用途
			请领	实领			
大麦芽		吨	200	200			销售

领料部门负责人：林彤　　　　领料人：张华　　　　发料人：张楠

经济业务(37-3)

托收凭证（受理回单）　1

委托日期：　年　月　日

<table>
<tr><td colspan="2">业务类型</td><td colspan="6">委托收款□　邮划□　电划)　托收承付(□　邮划■　电划)</td></tr>
<tr><td rowspan="3">付款人</td><td>全称</td><td colspan="2"></td><td rowspan="3">收款人</td><td>全称</td><td colspan="2"></td></tr>
<tr><td>账号</td><td colspan="2"></td><td>账号</td><td colspan="2"></td></tr>
<tr><td>地址</td><td>开户行</td><td></td><td>地址</td><td>开户行</td><td></td></tr>
<tr><td>金额</td><td colspan="4">人民币(大写)：</td><td colspan="3">亿 千 百 十 万 千 百 十 元 角 分</td></tr>
<tr><td colspan="2">款项内容</td><td></td><td>托收凭据名称</td><td></td><td>附寄单证张数</td><td colspan="2"></td></tr>
<tr><td colspan="2">商品发运证件</td><td></td><td>合同名称号码</td><td colspan="4"></td></tr>
<tr><td colspan="3">备注：
复核：　　　记账：</td><td colspan="2">款项收妥日期　年　月　日</td><td colspan="3">工商银行东丽支行 业务专用章
收款人开户银行签章
年　月　日</td></tr>
</table>

此联作收款人开户银行给收款人的受理回单

经济业务(38-1)

固定资产报废单

日期：2010年12月26日

固定资产名称及编号	规格型号	单位	数量	预计使用年限	已使用年限	原始价值	已提折旧额	备　注
发酵设备	02257	台	1	5	4.5	85 000.00	74 700.00	
固定资产状况及报废原因	机械故障，严重损坏，无法继续使用							

处理意见	使用部门	技术小组鉴定	固定资产管理部门	主管部门审批
	二车间	已无使用价值	同意报废	同意报废

企业负责人：刘奇　　　　管理部门负责人：洪国强

使用部门负责人：王山　　　　制　单：吴放

经济业务(38-2)

增值税普通发票

第二联

记账联

开票日期　2010 年　12　月　26　日　　**NO. 02254665**

购货单位		密码区
名称	天津市德意废品站	〈071409+/8*5742/3590 加密版本号：01 51+/〈30+42+/22〈4/5/〉1 806〈〈5-129-9+0-91312 7846672632 4/*6753〉〉2-8+859/〉〉40 5650642
纳税人识别号	12012108789457	
地址、电话	天津市南开区红旗路69号22485866	
开户行及账号	中国建设银行南开支行红旗路分理处 03201345675322	

货物及应税劳务名称	规格型号	单位	数量	单价	金额	税率	税额
旧设备		台	1	2 692.31	2 692.31	4　%	107.69
						%	
						%	
						%	
合计					2 692.31	4　%	107.69
价税合计（大写）	零 仟零佰零拾零万 贰 仟 捌 佰 零 拾 零 元 零 角 零 分					（小写）	￥2 800.00

销货单位		备注
名称	天津市红星啤酒股份有限公司	
纳税人识别号	12011133557789	
地址、电话	天津市东丽区第六大道108号　60080066	
开户行及账号	中国工商银行东丽支行　168230028555	

第二联记账联销售方记账凭证

收款人：张平　　　　销货单位（盖章）

经济业务(38-3)

付 款 申 请 单

2010年12月26日　　　　NO. 5268702797

付款部门：技术部	**申请人**：李亮
付款原因：支付设备运杂费	
付款方式：现金√　转账支票　电汇　其他	
付款金额：人民币(大写)伍佰肆拾元整　小写¥ 540.00	
收款单位：天津快乐搬家公司	
开户银行及账号：　现金付讫	

单位负责人：刘奇　**财务经理**：李明　**部门负责人**：洪强　**审核**：王芳　**出纳**：张平

经济业务(38-4)

市服务业统一发票

发票联

全国统一发票监制章 天津 地方税务局

客户名称：红星啤酒股份有限公司　　2010 年 12 月 26 日　　**No. 25519429**

项目	计量单位	运输量	计费单价	金额								备注
				十	万	千	百	十	元	角	分	
运杂费						¥	5	4	0	0	0	
合计金额：零拾零万零仟伍佰肆拾零元零角零分						¥	5	4	0	0	0	

天津快乐搬家公司 120112530287977 发票专用章

主管：李明　　记账：赵红　　收款：林珊　　开票人：刘远

经济业务(38-5)

中国工商银行 转账支票（津）　$\frac{EH}{02}$ BB0032528

本支票付款期限十天

出票日期（大写）贰零壹零 年 壹拾贰 月 贰拾陆 日　付款行名称：工行西青支行曹庄分理处

收款人：天津市红星啤酒股份有限公司　出票人账号：03346246782147

人民币（大写）	亿	千	百	十	万	千	百	十	元	角	分
贰仟捌佰元整					¥	2	8	0	0	0	0

用途　收购款

5117589271798153

上述款项从

我账户内支付

出票人签章

张立明（印）　天津市……财务专用章

经济业务(38-6)

银行进账单(收账通知) **3**

年　月　日

出票人	全称		收款人	全称										
	账号			账号										
	开户银行			开户银行										
金额	人民币 (大写)			亿	千	百	十	万	千	百	十	元	角	分
票据种类		票据张数		工行东丽支行 20101226 转讫 收款人开户银行签章										
票据号码														
复核　记账														

此联是收款人开户银行交给收款人的收账通知

经济业务(39)

证券中央登记结算公司

2010 年 12 月 22 日　成交过户交割凭单　卖			
股东编号	1008527	成交证卷	中信证券
电脑编号	Z31256	成交数量	50 000
公司名称/代号	600030	成交价格	12.00
申报编号	010220	成交金额	600 000.00
申报时间	13：35	标准佣金	1 800.00
成交时间	13：36	过户费用	50.00
上次余额	80 000	印花税	600.00
本次成交	50 000	应付金额	2 450.00
本次余额	30 000	最终余额	30 000
附加费用		实收金额	597 550.00

③通知联

经办单位　　客户签章

申银万国证券股份有限公司 业务专用章

经济业务(40-1)

员工福利(9 度清爽啤酒)发放表

2010 年 12 月 27 日

部门		姓名	发放物资	签字
基本生产车间	9 度清爽啤酒工人	刘云等 72 人	360 箱	
	10 度淡爽啤酒工人	黄贞等 76 人	380 箱	
	管理人员	5 人	25 箱	
辅助生产车间	一车间工人	李平等 18 人	90 箱	
	二车间工人	李亮等 9 人	45 箱	
	管理人员	孙正等 3 人	15 箱	
销售网点		赵玫等 7 人	35 箱	
厂部管理人员		朱丹等 40 人	200 箱	
合计		230 人	1 150 箱	

审批人：余阳　　财务审核：李明　　制表：李静

经济业务(40-2)

产品出库单

2010年12月27日　　NO. 533135

购货单位	产品名称及型号	单位	数量	备注
办公室	9度清爽啤酒	箱	1 150	

仓库负责人：孙宁　　经办人：钱星　　提货人：万伟

经济业务(41-1)

接受社会捐赠专用收据

2010年12月28日　　支票号：BB00049530

捐赠者	天津市红星啤酒股份有限公司			货币种类	人民币
捐赠项目	向天津市儿童福利院捐款				
项目(捐赠金额或实物)	单位	规格	数量	单价	金额
人民币					500 000.00
合计人民币(大写)	零佰伍拾零万零仟零佰零拾零元零角零分¥500 000.00				

收费单位：天津市红十字会　　开票人：李娜　　收款人：

经济业务(41-2)

付款申请单

2010年12月28日　　NO. 5268702798

付款部门：办公室	申请人：林红
付款原因：向天津市红十字会捐款	
付款方式：现金　转账支票 √　电汇　其他	
付款金额：人民币(大写)伍拾万元整　小写¥500 000.00	
收款单位：天津市红十字会　银行付讫	
开户银行及账号：中国农业银行天津广开支行 612124860456102	

单位负责人：刘奇　财务经理：李明　部门负责人：洪强　审核：王芳　出纳：张平

经济业务(41-3)

中国工商银行
转账支票存根（津）
EH 02 BB00049530
附加信息

出票日期
收款人：
金　额：
用　途：
单位主管　　会计

中国工商银行 转账支票（津）　EH 02 BB00049530

本支票付款期限十天

出票日期(大写)　年　月　日　付款行名称：
收款人：　出票人账号：

人民币(大写)	亿	千	百	十	万	千	百	十	元	角	分

用途
上述款项从
我账户内支付
出票人签章
盖章　盖章

刘奇印

红星啤酒股份有限公司 财务专用章

经济业务(42-1)

全国统一发票监制章 地方税务局监制

天津市服务业统一发票

No. 25519429

客户名称：红星啤酒股份有限公司　地址：东丽区第六大道 108 号　日期：2010 年 12 月 28 日

项目	单位	数量	单价	金额							
				十	万	千	百	十	元	角	分
培训费					1	0	2	0	0	0	0
合计人民币大写	壹万零贰佰元整			¥	1	0	2	0	0	0	0
备注											

②发票联

发票专用章(未盖章无效)：　一阳培训天津分公司 发票专用章　开票人：张元　收款人：

经济业务(42-2)

付　款　申　请　单

2010 年 12 月 28 日　NO. 5268702799

付款部门：销售部	**申请人**：赵枚
付款原因：付培训费	
付款方式：现金　转账支票 √　电汇　其他	
付款金额：人民币(大写)壹万零贰佰元整　小写¥ 10 200.00	
收款单位：一阳培训天津分公司　银行付讫	
开户银行及账号：招商银行天津南门外大街支行 622326861556167	

单位负责人：刘奇　**财务经理**：李明　**部门负责人**：洪强　**审核**：王芳　**出纳**：张平

经济业务(42-3)

中国工商银行
转账支票存根（津）
$\frac{EH}{02}$ BB00049531

附加信息

出票日期

收款人：	
金　额：	
用　途：	

单位主管　　会计

中国工商银行 转账支票（津）　$\frac{EH}{02}$ BB00049531

本支票付款期限十天

出票日期(大写)　年　月　日　付款行名称：

收款人：　出票人账号：

人民币（大写）	亿	千	百	十	万	千	百	十	元	角	分

用 途

上述款项从
我账户内支付
出票人签章

刘奇印

财务专用章

盖章　盖章

经济业务(43-1)

增值税专用发票

抵扣联

全国统一发票监制章 国家税务总局监制

开票日期 2010 年 12 月 31 日　　　　NO. 03224758

购货单位			
名称	天津市红星啤酒股份有限公司	密码区	〈071409+/8*5742/3590　　加密版本号：01 51+/〈30+42+/22〈4/5/〉1 806〈〈5-129-9+0-91312　　7846672632 4/*6753〉〉2-8+859/〉〉40　　5650642
纳税人识别号	1201113557789		
地址、电话	天津市东丽区第六大道 108 号 60080066		
开户行及账号	天津工商银行东丽支行　　168230028555		

货物及应税劳务名称	规格型号	单位	数量	单价	金额	税率	税额
电费		度	212 564	0.6496	138 130.26	17 %	23 482.15
						%	
						%	
						%	
合计					138 130.26	%	23 482.15
价税合计(大写)	零仟零佰壹拾陆万壹仟陆佰壹拾贰元肆角壹分					(小写)	161 612.41

销货单位			
名称	天津市国家电网有限公司	备注	天津市国家电网有限公司 120008789345266 发票专用章
纳税人识别号	120008789345266		
地址、电话	天津市河北区五经路 39 号 25892345		
开户行及账号	中国农业银行河北支行 05003456789028		

第一联 抵扣联 购货方抵扣凭证

收款人：张文　　　　销货单位(盖章):

经济业务(43-2)

增值税专用发票

发票联

开票日期 2010 年 12 月 31 日　　　　NO. 03224758

购货单位	名称	天津市红星啤酒股份有限公司	密码区	〈071409+/8*5742/3590　加密版本号：01 51+/〈30+42+/22〈4/5/〉1 806〈〈5-129-9+0-91312　7846672632 4/*6753〉〉2-8+859/〉〉40　5650642
	纳税人识别号	12011133557789		
	地址、电话	天津市东丽区第六大道 108 号 60080066		
	开户行及账号	中国建设银行股份有限公司东丽支行　159233342567		

货物及应税劳务名称	规格型号	单位	数量	单价	金额	税率	税额
电费		度	212 564	0.6496	138 130.26	17 %	23 482.15
						%	
						%	
						%	
合计					138 130.26	%	23 482.15
价税合计(大写)	零 仟 零 佰 壹 拾 陆 万 壹 仟 陆 佰 壹 拾 贰 元 肆 角 壹 分					(小写)	¥161 612.41

销货单位	名称	天津市国家电网有限公司	备注	天津市国家电网有限公司 120008789345266 发票专用章
	纳税人识别号	120008789345266		
	地址、电话	天津市河北区五经路 39 号 25892345		
	开户行及账号	中国农业银行河北支行 05003456789028		

收款人：张文　　　　销货单位(盖章)：

第二联 发票联 购货方记账凭证

经济业务(43-3)

电 费 分 配 表

2010 年 12 月

部门	用电数量/度	单价(不含税)	金额
基本生产车间			
辅助生产车间一车间			
辅助生产车间二车间			
企业管理部门			
合计			

财务审核：李明　　　　制表：刘飞

经济业务(43-4)

托收凭证（付款通知）　　5

委托日期：2010 年 12 月 31 日

付款期限：2010 年 12 月 31 日

业务类型	委托收款(☐ 邮划、■ 电划)　托收承付(☐ 邮划、☐ 电划)						
付款人	全称	天津市红星啤酒股份有限公司		收款人	全称	天津市国家电网有限公司	
	账号	168230028555			账号	05003456789028	
	地址	东丽区第六大道 108 号　开户行	工行东丽支行		地址	天津市河北区五经路 39 号　开户行	农行河北支行
金额	人民币(大写)：壹拾陆万壹仟陆佰壹拾贰元肆角壹分						
款项内容	电费	托收凭据名称	发票	附寄单证张数	1		
商品发运证件		合同名称号码					

亿	千	百	十	万	千	百	十	元	角	分
		¥	1	6	1	6	1	2	4	1

备注：

付款人开户银行收到日期

年　月　日

复核：　记账：

付款人开户银行签章

2010 年 12 月 31 日

工行东丽支行 20101231 模拟 转讫

付款人注意：

1.根据支付结算办法，上列委托收款(托收承付)款项在付款期限内未提出拒付，即视为同意付款，以此代付款通知。

2.如需提出全部或部分拒付，应在规定期限内将拒付理由书并附债务证明退交开户银行。

此联付款人开户银行给付款人按期付款通知

经济业务(44-1)

增值税专用发票

抵扣联

(国家税务总局监制)

开票日期 2010 年 12 月 31 日　　　　**NO. 04127583**

购货单位	名称	天津市红星啤酒有限公司				密码区	〈071409+/8*5742/3590　加密版本号：01 51+/〈30+42+/22〈4/5/〉1 806〈〈5-129-9+0-91312　7846672632 4/*6753〉〉2-8+859/〉〉40　5650642	
	纳税人识别号	1201113557789						
	地址、电话	天津市东丽区第六大道 108 号 60080066						
	开户行及账号	天津工商银行东丽支行　168230028555						
货物及应税劳务名称	规格型号	单位	数量	单价	金额		税率	税额
自来水		吨	75 380	0.5752	43 360.18		13 %	5 636.82
							%	
							%	
							%	
合计					43 360.18		%	5 636.82
价税合计(大写)	零 仟 零 佰 零 拾 肆 万 捌 仟 玖 佰 玖 拾 柒 元 零 角 零 分						(小写)	48 997.00
销货单位	名称	天津市自来水集团有限公司				备注	天津市自来水集团有限公司 120008789256384 发票专用章	
	纳税人识别号	120008789256384						
	地址、电话	天津市和平区建设路 54 号 23378969						
	开户行及账号	中国工商银行和平支行 04078905324587						

第一联 抵扣联 购货方抵扣凭证

收款人：李玉　　　　**销货单位(盖章)**

经济业务(44-2)

增值税专用发票
发票联

国家税务总局监制（全国统一发票监制章）

开票日期 2010 年 12 月 31 日　　　　NO. 03224758

购货单位				密码区	
名称	天津市红星啤酒股份有限公司			〈071409+/8*5742/3590	加密版本号：01
纳税人识别号	12011133557789			51+/〈30+42+/22〈4/5/〉1	
地址、电话	天津市东丽区第六大道 108 号 60080066			806〈〈5-129-9+0-91312	7846672632
开户行及账号	中国建设银行股份有限公司东丽支行 159233342567			4/*6753〉〉2-8+859/〉〉40	5650642

货物及应税劳务名称	规格型号	单位	数量	单价	金额	税率	税额
自来水		吨	75 380	0.5752	43 360.18	13%	5 636.82
						%	
						%	
						%	
合计					43 360.18	%	5 636.82
价税合计(大写)	零仟零佰零拾肆万捌仟玖佰玖拾柒元零角零分					(小写)	48 997.00

销货单位		备注
名称	天津市自来水集团有限公司	天津市自来水集团有限公司 120008789256384 发票专用章
纳税人识别号	120008789256384	
地址、电话	天津市和平区建设路 54 号 23378969	
开户行及账号	中国工商银行和平支行 04078905324587	

收款人：李玉　　　　销货单位(盖章)：

第二联发票联购货方记账凭证

经济业务(44-3)

托收凭证（付款通知）　5

委托日期：2010 年 12 月 31 日　　　　付款期限：2010 年 12 月 31 日

<table>
<tr><td colspan="2">业务类型</td><td colspan="4">委托收款(□邮划、■电划)　　托收承付(□邮划、□电划)</td></tr>
<tr><td rowspan="3">付款人</td><td>全称</td><td>天津市红星啤酒股份有限公司</td><td rowspan="3">收款人</td><td>全称</td><td>天津市自来水集团有限公司</td></tr>
<tr><td>账号</td><td>168230028555</td><td>账号</td><td>04078905324587</td></tr>
<tr><td>地址</td><td>东丽区第六大道 108 号　开户行　工行东丽支行</td><td>地址</td><td>和平区建设路 54 号　开户行　工行和平支行</td></tr>
<tr><td>金额</td><td colspan="3">人民币(大写)：肆万捌仟玖佰玖拾柒元整</td><td colspan="2">亿 千 百 十 万 千 百 十 元 角 分
¥ 4 8 9 9 7 0 0</td></tr>
<tr><td colspan="2">款项内容</td><td>水费　托收凭据名称　发票</td><td colspan="2">附寄单证张数</td><td>1</td></tr>
<tr><td colspan="2">商品发运证件</td><td></td><td colspan="2">合同名称号码</td><td></td></tr>
<tr><td colspan="3">备注：
付款人开户银行收到日期
年　月　日
复核：　记账：</td><td colspan="2">工行东丽支行 20101231 转讫
付款人开户银行签章
2010 年 12 月 31 日</td><td>付款人注意：
1. 根据支付结算办法，上列委托收款(托收承付)款项在付款期限内未提出拒付，即视为同意付款，以此代付款通知。
2. 如需提出全部或部分拒付，应在规定期限内将拒付理由书并附债务证明退交开户银行。</td></tr>
</table>

此联付款人开户行凭以汇款或收款人开户行作收账通知

经济业务(44-4)

水费分配表

2010年12月

部门	用水量/吨	单价(不含税)	金额
基本生产车间			
辅助生产车间一车间			
辅助生产车间二车间			
企业管理部门			
合计			

财务审核：李明　　　　制表：刘飞

经济业务(45)

固定资产折旧计算表

2010年12月31日

部门	固定资产类别	固定资产原值	月折旧率/%	月折旧额/元
基本生产车间	房屋及建筑物			
	机器设备			
	运输设备			
	其他			
小计				
辅助生产车间	房屋及建筑物			
	机器设备			
	运输设备			
	其他			
小计				
管理部门	房屋及建筑物			
	办公设备			
	其他			
小计				
总计				

复核人：王芳　　　　制表人：刘飞

经济业务(46)

无形资产摊销表

2010 年 12 月 31 日

单位：元

项目	应摊销总额	当月摊销额	累计摊销额	无形资产账面净值
商标权				
其他				
小计				

复核人：王芳　　　　制表人：刘飞

经济业务(47-1)

贷款利息计算表

2010 年 12 月 31 日

单位：元

贷款项目	贷款金额	贷款年利率	计息期	利息金额
短期借款	3 600 000	3%	12 月	9 000
小计	3 600 000			9 000

复核人：王芳　　　　制表人：刘飞

经济业务(47-2)

建设银行天津市东丽支行计收利息清单(付款通知)

账号 159233342567　　2010 年 12 月 31 日

单位名称：天津红星啤酒股份有限公司

计息起讫日期：2010.10.01～2010.12.31

贷款户账号：25342267620　　计息总积数：324 000 000.00

利率：3%　　利息金额：27 000

你单位上述应偿借款利息已

从你单位账户划出

此致

借款单位(银行盖章)　　复核　　记账

建设银行东丽支行 20101231 转讫

经济业务(48)

贷款利息计算表

2010 年 12 月 31 日

单位：元

贷款项目	贷款金额	贷款年利率	计息期	利息金额
长期借款	3 000 000	6%	12 月	15 000
小计	3 000 000			15 000

复核人：王芳　　　　制表人：刘飞

经济业务(49)

公允价值变动损益计算表

年　月　日

单位：元

项目	账面余额	公允价值	公允价值变动损益
合计			

审批：李明　　　　制表人：王芳

经济业务(50)

工资结算汇总表

2010年12月31日

单位：元

车间及部门		应发工资				代扣款项						实发金额
		基本工资	岗位津贴	奖金	小计	养老保险	医疗保险	失业保险	住房公积金	个人所得税	小计	
基本生产车间	9度清爽	95 760	16 900	16 500	129 160	10 332.8	2 583.2	1 291.6	12 916	2 512.90	29 636.5	99 523.5
	10度淡爽	96 270	17 200	17 200	130 670	10 453.6	2 613.4	1 306.7	13 067	2 554.35	29 995.05	100 674.95
	管理人员	15 560	1 000	2 400	18 960	1 516.8	379.2	189.6	1 896	653.40	4 635	14 325
辅助生产车间	一车间	31 370	1 800	1 200	34 370	2 749.6	687.4	343.7	3437	927.80	8 145.5	26 224.5
	二车间	16 520	900	800	18 220	1 457.6	364.4	182.2	1 822	267.80	4 094	14 126
	管理人员	8 890	600	600	10 090	807.2	201.8	100.9	1 009	129.25	2 248.15	7 841.85
销售人员		18 650	1 400	12 000	32 050	2 564	641	320.5	3 205	826.85	7 557.35	24 492.65
管理部门		130 260	2 200	9 300	141 760	11 340.8	2 835.2	1 417.6	14 176	7 568.60	37 338.2	104 421.8
合计		413 280	42 000	60 000	515 280	41 222.4	10 305.6	5 152.8	51 528	15 440.95	123 649.75	391 630.25

审批：李明　　审核：王芳　　制单：林英

经济业务(51)

工会经费和职工教育经费计算表

2010 年 12 月 31 日

单位：元

车间及部门		计算依据（工资）	养老保险	医疗保险	失业保险	生育保险	工伤保险	住房公积金	工会经费	职工教育经费	小计
基本生产车间	9 度清爽	129 160	25 832	12 916	2 583.2	1 033.28	258.32	12 916	2 583.2	3 229	61 351
	10 度淡爽	130 670	26 134	13 067	2 613.4	1 045.36	261.34	13 067	2 613.4	3 266.75	62 068.25
	管理人员	18 960	3 792	1 896	379.2	151.68	379.2	1 896	379.2	474	9 006
辅助生产车间	一车间	34 370	6 874	3 437	687.4	274.96	68.74	3 437	687.4	859.25	16 325.75
	二车间	18 220	3 644	1 822	364.4	145.76	36.44	1 822	364.4	455.5	8 654.5
	管理人员	10 090	2 018	1 009	201.8	80.72	20.18	1 009	201.8	252.25	4 792.75
销售人员		32 050	6 410	3 205	641	256.4	64.1	3 205	641	801.25	15 223.75
管理部门		141 760	28 352	14 176	2 835.2	1 134.08	283.52	14 176	2 835.2	3 544	67 336
合计		515 280	103 056	51 528	10 305.6	4 122.24	1 030.56	51 528	10 305.6	12 882	244 758

审批：李明　　　　审核：王芳　　　　制单：林英

经济业务(52-1)

领　料　单

领料部门：基本生产车间　　2010 年 12 月 2 日　　编号：　2306

名称	单位	数量		单价	金额	用途
		请领	实领			
大麦芽	吨	50	50			生产 9 度清爽啤酒
酒花	吨	1	1			
大米	吨	50	50			
酵母	公斤	100	100			

审批人：李莉　　仓管：张宏　　领料人：赵枚

经济业务(52-2)

领　料　单

领料部门：基本生产车间　　2010 年 12 月 2 日　　编号：　2307

名称	单位	数量		单价	金额	用途
		请领	实领			
硅藻土	吨	1	1			生产 9 度清爽啤酒
碱	吨	0.5	0.5			
消毒水	公斤	300	300			
酶	公斤	300	300			

审批人：李莉　　仓管：张宏　　领料人：赵枚

经济业务(52-3)

领　料　单

领料部门：基本生产车间　　2010 年 12 月 2 日　　编号：　2308

名称	单位	数量		单价	金额	用途
		请领	实领			
啤酒瓶	万只	100	100			生产 9 度清爽啤酒
啤酒盖	万只	100	100			
商标	万张	100	100			
纸箱	万只	10	10			

审批人：李莉　　仓管：张宏　　领料人：赵枚

经济业务(52-4)

领　料　单

领料部门：基本生产车间　　2010 年 12 月 14 日　　编号：　2309

名称	单位	数量		单价	金额	用途
		请领	实领			
大麦芽	吨	70	70			生产 10 度淡爽啤酒
酒花	吨	1	1			
大米	吨	50	50			
酵母	公斤	150	150			

审批人：李莉　　仓管：张宏　　领料人：赵枚

经济业务(52-5)

领 料 单

领料部门：基本生产车间　　　　2010 年 12 月 2 日　　　　编号：2310

名称	单位	数量		单价	金额	用途
		请领	实领			
硅藻土	吨	1	1			生产 10 度淡爽啤酒
碱	吨	0.5	0.5			
消毒水	公斤	500	500			
酶	公斤	300	300			

审批人：李莉　　　　仓管：张宏　　　　领料人：赵枚

经济业务(52-6)

领 料 单

领料部门：基本生产车间　　　　2010 年 12 月 2 日　　　　编号：2311

名称	单位	数量		单价	金额	用途
		请领	实领			
啤酒瓶	万只	100	100			生产 10 度淡爽啤酒
啤酒盖	万只	100	100			
商标	万张	100	100			
纸箱	万只	10	10			

审批人：李莉　　　　仓管：张宏　　　　领料人：赵枚

经济业务(52-7)

领 料 单

领料部门：辅助生产车间一车间　　　　2010 年 12 月 5 日　　　　编号：2312

名称	单位	数量		单价	金额	用途
		请领	实领			
桶	个	30	30			生产耗用
工作服	套	36	36			
劳保用品	件	30	30			
消毒水	公斤	100	100			

审批人：李莉　　　　仓管：张宏　　　　领料人：张明

经济业务(52-8)

领 料 单

领料部门：辅助生产车间二车间　　2010 年 12 月 5 日　　编号：2313

名称	单位	数量		单价	金额	用途
		请领	实领			
桶	个	40	40			生产耗用
工作服	套	18	18			
劳保用品	件	10	10			
消毒水	公斤	60	60			

审批人：李莉　　仓管：张宏　　领料人：赵爱国

经济业务(52-9)

领 料 单

领料部门：基本生产车间　　2010 年 12 月 14 日　　编号：2314

名称	单位	数量		单价	金额	用途
		请领	实领			
大麦芽	吨	80	80			生产 9 度清爽啤酒
酒花	吨	0.5	0.5			
大米	吨	80	80			
酵母	公斤	80	80			

审批人：李莉　　仓管：张宏　　领料人：赵枚

经济业务(52-10)

领 料 单

领料部门：基本生产车间　　2010 年 12 月 14 日　　编号：2315

名称	单位	数量		单价	金额	用途
		请领	实领			
硅藻土	吨	1	1			生产 9 度清爽啤酒
碱	吨	0.4	0.4			
消毒水	公斤	300	300			
酶	公斤	200	200			

审批人：李莉　　仓管：张宏　　领料人：赵枚

经济业务(52-11)

领　料　单

领料部门：基本生产车间　　2010 年 12 月 14 日　　编号：2316

名称	单位	数量		单价	金额	用途
		请领	实领			
啤酒瓶	万只	120	120			生产 9 度清爽啤酒
啤酒盖	万只	120	120			
商标	万张	120	120			
纸箱	万只	12	12			
劳保用品	件	80	80			

审批人：李莉　　仓管：张宏　　领料人：赵枚

经济业务(52-12)

领　料　单

领料部门：基本生产车间　　2010 年 12 月 14 日　　编号：2317

名称	单位	数量		单价	金额	用途
		请领	实领			
大麦芽	吨	80	80			生产 10 度淡爽啤酒
酒花	吨	1	1			
大米	吨	120	120			
酵母	公斤	120	120			

审批人：李莉　　仓管：张宏　　领料人：赵枚

经济业务(52-13)

领　料　单

领料部门：基本生产车间　　2010 年 12 月 14 日　　编号：2318

名称	单位	数量		单价	金额	用途
		请领	实领			
硅藻土	吨	2	2			生产 10 度淡爽啤酒
碱	吨	0.6	0.6			
消毒水	公斤	300	300			
酶	公斤	300	300			

审批人：李莉　　仓管：张宏　　领料人：赵枚

经济业务(52-20)

生产领用材料汇总表

2010 年 12 月 31 日

单位：元

材料	基本生产车间				辅助生产车间				合计	
	9 度清爽啤酒		10 度淡爽啤酒		一车间		二车间			
	数量	金额	数量	金额	数量	金额	数量	金额	数量	金额
大麦芽										
酒花										
大米										
酵母										
硅藻土										
碱										
消毒水										
酶										
啤酒瓶										
啤酒盖										
商标(9 度)										
商标(10 度)										
纸箱										
桶										
工作服										
劳保用品										
合计										

复核人：王芳　　　　制表人：刘飞

经济业务(53-1)

困难补助发放表

2010 年 12 月 31 日

单位：元

部门	姓名	金额	签字
9 度清爽啤酒工人	刘云	1 200	刘云
	冯亮齐	1 200	冯亮齐
	郝明启	1 000	郝明启
10 度淡爽啤酒工人	赵员民	800	赵员民
	黄贞	600	黄贞
技术部	李研婷	600	李研婷
合计		5 400	

审批人：余阳　　财务审核：李明　　制表：刘飞

经济业务(53-2)

员工福利发放汇总表

2010 年 12 月 31 日

单位：元

部门		困难补助	大米(330 元/人)	啤酒(240.25 元/人)
基本生产车间	9 度清爽工人	3 400	23 760	17 298
	10 度淡爽工人	1 400	25 080	18 259
	管理人员		1 650	1 201.25
辅助生产车间	一车间工人		5 940	4 324.5
	二车间工人		2 970	2 162.25
	管理人员		990	720.75
销售网点			2 310	1 681.75
厂部管理人员		600	13 200	9 610
合计		5 400	75 900	55 257.5

审批人：余阳　　财务审核：李明　　制表：刘飞

经济业务(54)

坏账准备计算表

2010 年 12 月 31 日

单位：元

计提项目	期末余额	提取比例	应提金额	坏账准备账户期初余额		本期计提金额	
				借方	贷方	借方	贷方
应收账款							

审批：刘奇　　复核：王芳　　制单：赵红

经济业务(55)

辅助生产车间制造费用分配表

2010 年 12 月 31 日

单位：元

辅助生产车间	生产工人工资	分配率	分配金额
一车间			
二车间			
合计			

复核人：王芳　　制表人：刘飞

经济业务(56)

辅助生产成本分配表

(直接分配法)

2010 年 12 月

单位：元

分配项目	辅助生产车间一车间		辅助生产车间二车间		合计
	劳务数量	待分配费用	劳务数量	待分配费用	
待分配辅助生产成本及劳务数量	850		680		
费用分配率(单位劳务应分配的费用，保留 4 位小数)					
基本生产车间耗用	770		550		
行政管理部门耗用	30		60		
销售部门耗用	50		70		
合计	850		680		

复核人：王芳　　制表人：刘飞

经济业务(57)

基本生产车间制造费用分配表

2010年12月31日

单位：元

项目		生产工人工资	分配率	分配金额
基本生产车间	9度清爽啤酒			
	10度淡爽啤酒			
合计				

复核人：王芳　　　　制表人：刘飞

经济业务(58-1)

9度清爽产品成本计算表

2010年12月

完工产品数量：1 656 780瓶　　在产品完工程度60%　　在产品数量：1 668 350瓶

成本项目	月初在产品成本	本月生产成本	生产成本合计	约当产量	完工产品总成本	完工产品单位成本(元/瓶)	月末在产品成本
直接材料							
直接人工							
制造费用							
合计							

复核人：王芳　　　　制表人：刘飞

经济业务(58-2)

10度淡爽产品成本计算表

2010年12月

完工成品数量：1 256 900瓶　　在产品完工程度60%　　在产品数量：1 626 370 瓶

成本项目	月初在产品成本	本月生产成本	生产成本合计	约当产量	完工产品总成本	完工产品单位成本(元/瓶)	月末在产品成本
直接材料							
直接人工							
制造费用							
合计							

复核人：王芳　　　　制表人：刘飞

经济业务(58-3)

商品验收及入库单

供货单位：基本生产车间　　2010年12月31日　　NO．31124294

名称	规格型号	进价				检验	
		单位	数量	单价	金额	合格	不合格
啤酒	9度清爽	箱	165 678			165 678	
	10度淡爽	箱	125 690			125 690	
合计							

仓库负责人：孙宁　　检验人：赵天　　收货人：钱星

经济业务(59)

产品销售成本计算表

2010年12月

单位：元

产品	单位	上月结存/箱	期初金额	本月入库/箱	本月入库金额	单位成本	销售数量	销售成本
9度清爽啤酒	箱	221 600		165 678				
10度淡爽啤酒	箱	141 050		125 690				
合计								

会计主管：李明　　复核：刘飞　　制单：王芳

经济业务(60)

增值税计算表

2010年12月31日

单位：元

本期增值税借方发生额			本期增值税贷方发生额				转出未缴增值税
进项税额	已交税金	小计	销项税额	进项税额转出	简易征收	小计	

会计主管：李明　　复核：刘飞　　制单：王芳

经济业务(61)

消费税计算表

2010年12月31日

单位：元

应税消费品	销售数量	适用税率	应交消费税
9度清爽啤酒		250元/吨	
10度淡爽啤酒		250元/吨	
合计			

会计主管：李明　　复核：刘飞　　制单：王芳

经济业务(62)

城建维护建设税及教育费附加计算表

2010年12月31日

单位：元

税费	计税依据	税率(征收率)	金额
城建维护建设税		7%	
教育费附加		3%	
合计			

会计主管：李明　　复核：刘飞　　制单：王芳

经济业务(65)

所得税计算表

2010年12月31日

单位：元

会计利润	应纳税所得额	适用税率	应纳所得税额	已预缴所得税	年末应缴所得税

会计主管：李明　　复核：刘飞　　制单：王芳

经济业务(67)

盈余公积计算表

2010 年 12 月 31 日

单位：元

净利润	提取比例	提取金额

会计主管： 复核： 制单：

经济业务(68)

应付股利计算表

2010 年 12 月 31 日

出资人	出资比例	应付股利金额
红纺集团有限公司		
旭日股份有限公司		
合计		

会计主管： 复核： 制单：

实训：会计核算实训

实训目的

通过实训，了解企业经济业务的内容，熟悉企业会计核算的流程，掌握自制原始凭证的填制和审核、记账凭证的填制和审核、成本核算、登记账簿、进行科目汇总、对账、结账、编制主要财务报表等会计处理。

实训设计

(1) 实训时间安排：66 学时。其中，熟悉实训企业相关信息，3 学时；期初建账，6 学时；账务处理，48 学时；科目汇总，3 学时；登记总账、对账、结账，3 学时；编制报表，3 学时。

(2) 实训人员安排：可以分组进行，根据实训学生人数的情况，在会计岗位中进行整合分拆，确定小组人数；也可以由一人模拟各岗位工作独立完成。

(3) 实训所需材料：空白记账凭证(120 张)、总账(1 本)、日记账(1 本)、三栏明细账账页(1 本)、数量金额式明细账账页(30 张)、十三栏明细账账页(10 张)、账钉(1 副)、明细账封面(1 副)、空白财务报表(1 套)、凭证封面(1 套)、口曲纸、胶水、红笔、电子计算器、回形针等。

实训内容

分析案例提供的原始凭证，判断经济业务的性质和内容，按账务处理程序进行会计核算，编制资产负债表和利润表。

参 考 文 献

[1] 林永春．企业会计实训教程[M]．北京：经济科学出版社，2008.

[2] 周月蓉，刘杏妹，戈志强．中小企业会计实务[M]．北京：电子工业出版社，2008.

[3] 张明霞，张德刚．会计制度设计[M]．北京：科学出版社，2007.

[4] 刘红英．会计业务仿真模拟实例实战[M]．北京：经济科学出版社，2009.

[5] 张利，周淑芸．新编财务报表分析[M]．大连：大连理工大学出版社，2010.

[6] 樊彩霞，刘欣华．会计模拟综合实验教程[M]．北京：中国纺织出版社，2009.

[7] 中国注册会计师协会. 2011 年度注册会计师全国统一考试辅导教材(税法)[M]. 北京：经济科学出版社，2011.

[8] 黄新荣．财务会计模拟实训[M]．北京：北京理工大学出版社，2007.

[9] 王莲君，叶显楚，王夏．中级财务会计实训教程[M]．武汉：华中科技大学出版社，2009.

北京大学出版社本科财经管理类实用规划教材(已出版)

财务会计类

序号	书 名	标 准 书 号	主 编	定价	序号	书 名	标 准 书 号	主 编	定价
1	基础会计学	7-5038-4892-6	李秀莲	30.00	15	会计规范专题	7-81117-887-6	谢万健	35.00
2	基础会计学	7-301-19403-4	窦亚芹	33.00	16	企业财务会计模拟实习教程	7-5655-0404-4	董晓平	25.00
3	会计学	7-81117-533-2	马丽莹	44.00	17	税法与税务会计	7-81117-497-7	吕孝侠	45.00
4	会计学原理(第 2 版)	7-301-18515-5	刘爱香	30.00	18	税法与税务会计实用教程	7-81117-598-1	张巧良	38.00
5	会计学原理习题与实验(第 2 版)	7-301-19449-2	王保忠	30.00	19	初级财务管理	7-301-20019-3	胡淑姣	42.00
6	会计学原理与实务(第 2 版)	7-301-18653-4	周慧滨	33.00	20	财务管理学	7-5038-4897-1	盛均全	34.00
7	会计学原理与实务模拟实验教程	7-5038-5013-4	周慧滨	20.00	21	财务管理学实用教程	7-5038-5018-9	骆永菊	42.00
8	会计实务	7-81117-677-3	王远利	40.00	22	财务管理理论与实务	7-301-20042-1	成 兵	40.00
9	高级财务会计	7-81117-545-5	程明娥	46.00	23	财务管理学原理与实务	7-81117-544-8	严复海	40.00
10	高级财务会计	7-5655-0061-9	王奇杰	44.00	24	财务管理理论与实务(第 2 版)	7-301-20407-8	张思强	42.00
11	成本会计学	7-301-19400-3	杨尚军	38.00	25	公司理财原理与实务	7-81117-800-5	廖东声	36.00
12	成本会计学	7-5655-0482-2	张红漫	30.00	26	审计学	7-81117-828-9	王翠琳	46.00
13	成本会计学	7-301-20473-3	刘建中	38.00	27	审计理论与实务	7-81117-955-2	宋传联	36.00
14	管理会计	7-81117-943-9	齐殿伟	27.00	28	会计综合实训模拟教程	7-301-20730-7	章洁倩	33.00

工商管理、市场营销、人力资源管理、服务营销类

序号	书 名	标 准 书 号	主 编	定价	序号	书 名	标 准 书 号	主 编	定价
1	管理学基础	7-5038-4872-8	于干千	35.00	20	国际市场营销学	7-5038-5021-9	范应仁	38.00
2	管理学基础学习指南与习题集	7-5038-4891-9	王 珍	26.00	21	市场营销理论与实务(第 2 版)	7-301-20628-7	那 薇	40.00
3	管理学	7-81117-494-6	曾 旗	44.00	22	现代市场营销学	7-81117-599-8	邓德胜	40.00
4	管理学原理	7-5655-0078-7	尹少华	42.00	23	消费者行为学	7-81117-824-1	甘瑁琴	35.00
5	管理学原理与实务(第 2 版)	7-301-18536-0	陈嘉莉	43.00	24	商务谈判(第 2 版)	7-301-20048-3	郭秀君	49.00
6	管理学实用教程	7-5655-0063-3	邵喜武	37.00	25	商务谈判实用教程	7-81117-597-4	陈建明	24.00
7	通用管理知识概论	7-5038-4997-8	王丽平	36.00	26	消费者行为学	7-5655-0057-2	肖 立	37.00
8	现代企业管理理论与应用	7-5038-5024-0	邸彦彪	40.00	27	客户关系管理实务	7-301-09956-8	周贺来	44.00
9	管理运筹学(第 2 版)	7-301-19351-8	关文忠	39.00	28	公共关系学	7-5038-5022-6	于朝晖	40.00
10	统计学原理	7-5038-4888-9	刘晓利	28.00	29	公共关系理论与实务	7-5038-4889-6	王 玫	32.00
11	统计学	7-5038-4898-8	曲 岩	42.00	30	公共关系学实用教程	7-81117-660-5	周 华	35.00
12	应用统计学(第 2 版)	7-301-19295-5	王淑芬	48.00	31	公共关系理论与实务	7-5655-0155-5	李泓欣	45.00
13	管理定量分析方法	7-301-13552-5	赵光华	28.00	32	跨国公司管理	7-5038-4999-2	冯雷鸣	28.00
14	新编市场营销学	7-81117-972-9	刘丽霞	30.00	33	质量管理	7-5655-0069-5	陈国华	36.00
15	市场营销学	7-5655-0064-0	王槐林	33.00	34	跨文化管理	7-301-20027-8	晏 雄	35.00
16	市场营销学实用教程	7-5655-0081-7	李晨耘	40.00	35	企业战略管理	7-5655-0370-2	代海涛	36.00
17	市场营销学	7-81117-676-6	戴秀英	32.00	36	企业文化理论与实务	7-81117-663-6	王水嫩	30.00
18	市场营销学(第 2 版)	7-301-19855-1	陈 阳	45.00	37	企业战略管理	7-81117-801-2	陈英梅	34.00
19	市场营销学新论	7-5038-4879-7	郑玉香	40.00	38	企业战略管理实用教程	7-81117-853-1	刘松先	35.00

序号	书　名	标准书号	主　编	定价	序号	书　名	标准书号	主　编	定价
39	产品与品牌管理	7-81117-492-2	胡　梅	35.00	50	人力资源管理实用教程(第2版)	7-301-20281-4	吴宝华	45.00
40	东方哲学与企业文化	7-5655-0433-4	刘峰涛	34.00	51	人力资源管理：理论、实务与艺术	7-5655-0193-7	李长江	48.00
41	运营管理	7-5038-4878-0	冯根尧	35.00	52	员工招聘	7-301-20089-6	王　挺	30.00
42	生产运作管理(第2版)	7-301-18934-4	李全喜	48.00	53	服务营销理论与实务	7-81117-826-5	杨丽华	39.00
43	运作管理	7-5655-0472-3	周建亨	25.00	54	服务企业经营管理学	7-5038-4890-2	于干千	36.00
44	组织行为学	7-5038-5014-1	安世民	33.00	55	服务营销	7-301-15834-0	周　明	40.00
45	组织行为学行为教程	7-301-20466-5	冀　鸿	32.00	56	会展服务管理	7-301-16661-1	许传宏	36.00
46	流程型组织的构建研究	7-81117-519-6	岳　澎	35.00	57	现代服务业管理原理、方法与案例	7-301-17817-1	马　勇	49.00
47	人力资源管理(第2版)	7-301-19098-2	颜爱民	60.00	58	服务性企业战略管理	7-301-20043-8	黄其新	28.00
48	人力资源管理经济分析	7-301-16084-8	颜爱民	38.00	59	服务型政府管理概论	7-301-20099-5	于干千	32.00
49	人力资源管理原理与实务	7-81117-496-0	邹　华	32.00					

经济、国贸、金融类

序号	书　名	标准书号	主　编	定价	序号	书　名	标准书号	主　编	定价
1	政治经济学原理与实务	7-81117-498-4	沈爱华	28.00	17	国际贸易实务(第2版)	7-301-20486-3	夏合群	45.00
2	宏观经济学原理与实务(第2版)	7-301-18787-6	崔东红	57.00	18	国际贸易结算及其单证实务	7-5655-0268-2	卓乃坚	35.00
3	宏观经济学	7-5038-4882-7	蹇令香	32.00	19	国际金融	7-5038-4893-3	韩博印	30.00
4	微观经济学原理与实务	7-81117-818-0	崔东红	48.00	20	国际金融实用教程	7-81117-593-6	周　影	32.00
5	微观经济学	7-81117-568-4	梁瑞华	35.00	21	国际商务	7-5655-0093-0	安占然	30.00
6	西方经济学实用教程	7-5038-4886-5	陈孝胜	40.00	22	金融市场学	7-81117-595-0	黄解宇	24.00
7	西方经济学实用教程	7-5655-0302-3	杨仁发	49.00	23	金融工程学理论与实务	7-81117-546-2	谭春枝	35.00
8	西方经济学	7-81117-851-7	于丽敏	40.00	24	财政学	7-5038-4965-7	盖　锐	34.00
9	现代经济学基础	7-81117-549-3	张士军	25.00	25	保险学原理与实务	7-5038-4871-1	曹时军	37.00
10	国际经济学	7-81117-594-3	吴红梅	39.00	26	东南亚南亚商务环境概论	7-81117-956-9	韩　越	38.00
11	发展经济学	7-81117-674-2	赵邦宏	48.00	27	证券投资学	7-301-19967-1	陈汉平	45.00
12	管理经济学	7-81117-536-3	姜保雨	34.00	28	金融学理论与实务	7-5655-0405-1	战玉峰	42.00
13	计量经济学	7-5038-3915-3	刘艳春	28.00	29	货币银行学	7-301-15062-7	杜小伟	38.00
14	外贸函电	7-5038-4884-1	王　妍	20.00	30	国际结算(第2版)	7-301-17420-3	张晓芬	35.00
15	国际贸易理论与实务(第2版)	7-301-18798-2	缪东玲	54.00	31	国际贸易规则与进出口业务操作实务(第2版)	7-301-19384-6	李　平	54.00
16	国际贸易(第2版)	7-301-19404-1	朱廷珺	45.00	32	金融风险管理	7-301-20090-2	朱淑珍	38.00

法律类

序号	书　名	标准书号	主　编	定价	序号	书　名	标准书号	主　编	定价
1	经济法原理与实务	7-5038-4876-6	杨士富	32.00	5	劳动法学	7-81117-495-3	李　瑞	32.00
2	经济法实用教程	7-81117-547-9	陈亚平	44.00	6	金融法学理论与实务	7-81117-958-3	战玉锋	34.00
3	国际商法理论与实务	7-81117-852-4	杨士富	38.00	7	国际商法	7-301-20071-1	丁孟春	37.00
4	商法总论	7-5038-4887-2	任先行	40.00					

电子商务与信息管理类

序号	书　名	标准书号	主　编	定价	序号	书　名	标准书号	主　编	定价
1	网络营销	7-301-12349-2	谷宝华	30.00	4	网络营销	7-301-16556-0	王宏伟	26.00
2	数据库技术及应用教程(SQL Server版)	7-301-12351-5	郭建校	34.00	5	网络信息采集与编辑	7-301-16557-7	范生万	24.00
3	电子商务概论	7-301-12343-0	庞大连	35.00	6	电子商务案例分析	7-301-16596-6	曹彩杰	28.00

序号	书　名	标 准 书 号	主　编	定价	序号	书　名	标 准 书 号	主　编	定价
7	管理信息系统	7-301-12348-5	张彩虹	36.00	20	电子商务概论	7-301-16717-5	杨雪雁	32.00
8	电子商务概论	7-301-13633-1	李洪心	30.00	21	电子商务英语	7-301-05364-5	覃　正	30.00
9	管理信息系统实用教程	7-301-12323-2	李　松	35.00	22	网络支付与结算	7-301-16911-7	徐　勇	34.00
10	电子商务法	7-301-14306-3	李　瑞	26.00	23	网上支付与安全	7-301-17044-1	帅青红	32.00
11	数据仓库与数据挖掘	7-301-14313-1	廖开际	28.00	24	企业信息化实务	7-301-16621-5	张志荣	42.00
12	电子商务模拟与实验	7-301-12350-8	喻光继	22.00	25	电子化国际贸易	7-301-17246-9	李辉作	28.00
13	ERP 原理与应用教程	7-301-14455-8	温雅丽	34.00	26	商务智能与数据挖掘	7-301-17671-9	张公让	38.00
14	电子商务原理及应用	7-301-14080-2	孙　睿	36.00	27	管理信息系统教程	7-301-19472-0	赵天唯	42.00
15	管理信息系统理论与应用	7-301-15212-6	吴　忠	30.00	28	电子政务	7-301-15163-1	原忠虎	38.00
16	网络营销实务	7-301-15284-3	李蔚田	42.00	29	商务智能	7-301-19899-5	汪　楠	40.00
17	电子商务实务	7-301-15474-8	仲　岩	28.00	30	电子商务与现代企业管理	7-301-19978-7	吴菊华	40.00
18	电子商务网站建设	7-301-15480-9	臧良运	32.00	31	电子商务物流管理	7-301-20098-8	王小宁	42.00
19	网络金融与电子支付	7-301-15694-0	李蔚田	30.00	32	管理信息系统实用教程	7-301-20485-6	周贺来	42.00

物流管理与工程类

序号	书　名	标 准 书 号	主　编	定价	序号	书　名	标 准 书 号	主　编	定价
1	物流工程	7-301-15045-0	林丽华	30.00	20	现代物流管理学	7-301-17672-6	丁小龙	42.00
2	现代物流决策技术	7-301-15868-5	王道平	30.00	21	物流运筹学	7-301-17674-0	郝　海	36.00
3	物流管理信息系统	7-301-16564-5	杜彦华	33.00	22	供应链库存管理与控制	7-301-17929-1	王道平	28.00
4	物流信息管理	7-301-16699-4	王汉新	38.00	23	物流信息系统	7-301-18500-1	修桂华	32.00
5	现代物流学	7-301-16662-8	吴　健	42.00	24	城市物流	7-301-18523-0	张　潜	24.00
6	物流英语	7-301-16807-3	阚功俭	28.00	25	营销物流管理	7-301-18658-9	李学工	45.00
7	第三方物流	7-301-16663-5	张旭辉	35.00	26	物流信息技术概论	7-301-18670-1	张　磊	28.00
8	物流运作管理	7-301-16913-1	董千里	28.00	27	物流配送中心运作管理	7-301-18671-8	陈　虎	40.00
9	采购管理与库存控制	7-301-16921-6	张　浩	30.00	28	物流项目管理	7-301-18801-9	周晓晔	35.00
10	物流管理基础	7-301-16906-3	李蔚田	36.00	29	物流工程与管理	7-301-18960-3	高举红	39.00
11	供应链管理	7-301-16714-4	曹翠珍	40.00	30	交通运输工程学	7-301-19405-8	于　英	43.00
12	物流技术装备	7-301-16808-0	于　英	38.00	31	国际物流管理	7-301-19431-7	柴庆春	40.00
13	现代物流信息技术	7-301-16049-7	王道平	30.00	32	商品检验与质量认证	7-301-10563-4	陈红丽	32.00
14	现代物流仿真技术	7-301-17571-2	王道平	34.00	33	供应链管理	7-301-19734-9	刘永胜	49.00
15	物流信息系统应用实例教程	7-301-17581-1	徐　琪	32.00	34	现代企业物流管理实用教程	7-301-17612-2	乔志强	40.00
16	物流项目招投标管理	7-301-17615-3	孟祥茹	30.00	35	供应链设计理论与方法	7-301-20018-6	王道平	32.00
17	物流运筹学实用教程	7-301-17610-8	赵丽君	33.00	36	物流管理概论	7-301-20095-7	李传荣	44.00
18	现代物流基础	7-301-17611-5	王　侃	37.00	37	供应链管理	7-301-20094-0	高举红	38.00
19	逆向物流	7-301-19809-4	甘卫华	33.00					